日本絕景繪旅行

東北青森・山形・岩手

&

北海道登別・洞爺湖

文少輝 Jackman、傅美璇 Erica——著

AOMORI

YAMAGATA

IWATE

HOKKAIDO

NOBORIBETSU

TOYAKO

前言

走出大都市，
遊訪自然大地

我們是土生土長於香港的夫妻與創作夥伴，一手包辦這部結合「文字、繪畫及攝影」的旅遊著作。一如每一部作品，畫作是著作中最精髓之處，也是我倆最引以為傲的地方。

其實，在我們早年所發表的三部日本旅遊著作中，以鐵道遊遍全日本、親身參與各地風土民情，一直都是我們關心的主題。此後，雖然專注創作多部歐洲旅遊書，但心底始終藏著一團從未熄滅過的火，時刻提醒自己：「終有一天，我們會回歸日本旅遊書的創作路！」

因此，多年來許多趟大大小小的日本旅程，我們都堅持記下特殊景點、值得到訪的原因、實用性的規劃建議、個人心得等等。

如今時機一到，這本珍貴的筆記派上用場，心情雀躍且期待，因為我們的歐洲著作大多來自一次性的旅程見聞，但這一部日本旅遊著作卻是集結多次旅程所沉澱、提煉而成的豐碩成果。

大城市多采多姿、日新月異的景點與體驗固然吸引人，然而，根據近年的旅遊調查與媒體報導，愈來愈多旅客（包含台灣、香港旅客）開始出走大都市，改為遊訪擁有豐富多樣的自然風光的二線城市、鄉郊、小鎮，甚至是一天只有數班巴士往返的溫泉、溪流、湖泊、高山、國立公園等地，以此來深度體驗日本這個四季分明的美麗國家。我們因此在本書分享了東北與南北海道的自然之旅。

粗略而言，東北即是關東以北，一直延伸至本州最北端，仙台、山形、盛岡、秋田、青森等地都屬於東北地區。而南北海道則是從東北最北端的青森往北移動（多數會搭新幹線或坐渡輪），橫過津輕海峽，主要是造訪函館、洞爺湖及登別溫泉等區。

全書分為四章，以地區劃分，分別是第一、二章的青森縣，第三章的山形縣與岩手縣，最後則為南北海道篇。包含的範疇如下：

1. **一生必看一次的自然絕景：**奧入瀨溪流冰瀑、藏王樹冰、八甲田山樹冰、蔦沼。
2. **日本名山：**八甲田山、岩木山、寶珠山、岩手山、北海道駒岳、有珠山、昭和新山。
3. **瀑布、溪流、湖泊：**奧入瀨溪流、銚子大瀧、十和田湖、大沼湖、洞爺湖、俱多樂湖。
4. **國立公園：**十和田八幡平國立公園、大沼國立公園、支笏洞爺國立公園。

5. **東北六大夏祭：**盛岡 Sansa 舞祭、青森睡魔祭、秋田竿燈祭、弘前睡魔祭、仙台七夕祭、山形花笠祭。

6. **夏日限定活動：**奧入瀨溪流健行、十和田湖遊覽船、盛岡與山形舞祭的免費體驗、道新花火大會、大沼國立公園散策、洞爺湖夏季花火大會、洞爺湖遊覽船、洞爺湖大島健行、有珠山健行、支笏洞爺國立公園（登別地獄谷）散策。

7. **冬日限定活動：**奧入瀨溪流冬季（日間、夜間）巴士團、奧入瀨溪流雪地健行、十和田湖冬物語、弘前城雪燈籠祭、藏王滑雪、安比高原滑雪。

8. **知名溫泉：**蔦溫泉、酸湯溫泉、藏王溫泉、銀山溫泉、洞爺湖溫泉、登別溫泉。

9. **推薦旅館：**青森：Dormy Inn 青森、星野奧入瀨溪流飯店、十和田飯店、酸湯溫泉旅館、蔦溫泉旅館；山形：藏王國際飯店、能登屋旅館、昭和館；岩手：安比高原度假村；北海道：東急 STAY 函館朝市飯店、函館 JR Inn、湖畔亭飯店、第一瀧本館、登別格蘭登大飯店。

10. **特色建築、展館、市場：**青森新鮮市場、奧入瀨溪流館、城倉大橋、鶴之舞橋、弘前城、青森縣立美術館、十和田市現代美術館、山寺、函館朝市、中島‧湖之森博物館。

11. **交通規劃：**JR 東北巴士「青森‧八戶─奧入瀨溪流‧十和田湖」的完整攻略（夏、冬）、青森縣包車攻略。

　　我們對東北與南北海道懷有深厚情感，毫無疑問是來自前三部日本著作的累積。**所以，這次可以為這個區域寫成專書，深深感到幸福，也體認到無論是寫作還是繪畫，都是要盡自己一切的力量去完成的人生大事。**

　　最後，謹以此書送給：從未造訪、即將造訪、N 次再訪、跟我們一樣超級喜歡東北與南北海道的讀者朋友，預祝旅途愉快、收穫滿滿。🎵

文少輝、傅美璇
2024 夏　寫於德國旅途中

\ MAP /

日本
東北地區、南北海道
景點及相關篇章

📍

支笏洞爺國立公園

洞爺湖	4-3、4-4
有珠山	4-4
登別地獄谷	4-5

北海道

青森

青森睡魔祭	Column ❷
奧入瀨溪流	1-2、1-3
十和田湖	1-4
八甲田山	1-5
蔦溫泉／蔦沼	2-1
鶴之舞橋	2-2
青森縣立美術館	2-3

函館

道新花火大會	4-1
大沼國立公園	4-2

青森縣

八戶

十和田市 現代美術館	2-3

弘前

弘前睡魔祭	Column ❷
弘前城	2-2
雪燈籠祭	2-2

盛岡

盛岡 Sansa 舞祭	Column ❷
安比高原滑雪	3-3

岩手縣

秋田

秋田竿燈祭 Column ❷	

秋田縣

山形

藏王樹冰	3-1
山形花笠祭	3-2、Column ❷
銀山溫泉	3-2
山寺	3-2

仙台

仙台七夕祭 Column ❷	

山形縣

宮城縣

Chapter

1

青森の
自然行

青森
要怎麼玩?

搭上巴士周遊美景

JR 東北巴士　Dormy Inn 青森　新町通商店街

我與青森的緣分,在新幹線未開通至新青森站前便已經結下,緣於我早期的日本旅行大多是以體驗夏日祭典與觀賞花火大會為主,而我心中最棒的日本祭典即是「青森睡魔祭」與「秋田竿燈祭」。兩場祭典,我都各觀賞過三屆,留下滿滿的回憶。後來,我把這兩場祭典的遊記分別收錄在《日本鐵道繪旅行》、《日本見學深度慢遊》之中。

我猜想，許多首次去日本旅行的人，多數行程會集中在繁華熱鬧的大城市，而我人生第一次的日本旅行，其實已經走出東京，遠至青森了。當時，新幹線只能去到八戶，所以我到了八戶後，還要轉搭特急電車才能抵達青森市（現在新幹線都已經到函館了）。

青森睡魔祭圖是我早期的電繪插畫，圖❶是童趣風，圖❷是寫實風。

東北新幹線

我的每一趟青森之旅，都是從東京出發的。現在從東京站去新青森站的東北新幹線，車程為三小時左右；此列車跟北海道新幹線一樣，通常設定為全車指定席。

旅客在東京站候車時，可以在月台中段觀察到整輛列車分有紅、綠兩種車身，兩者並不相通。綠色列車稱為「隼號」，屬於新幹線 E5 系，紅色列車稱為「小町號」，屬於新幹線 E6 系；前者有 10 輛車，後者有 7 輛車，合併行駛的最快速度為每小時 320 公里。

當列車在盛岡站分體或合體時，往往吸引旅客圍觀，而每逢在盛岡下車，我必會重溫這個日本鐵道獨有的特殊景色。兩種車廂分開後，隼號會繼續朝向青森前進，小町號則以秋田為總站。

1 | 在東京站月台拍攝到的東北新幹線。當列車駛至盛岡站後會分體，各自駛往不同的目的地。

2-3 | 正在於盛岡站進行分體作業的車頭部分。

4 | 請仔細觀察圖中正在分體的兩輛列車：一列依然是綠的，另一列卻是灰白色的——這是上一代的 E3 系列車廂，在 2014 年真正完成歷史任務，由 2013 年逐步投入營運的 E6 系列取代。想不到當年我有幸拍下這幅具有歷史意義的照片。

那次是為了青森睡魔祭與青森縣立美術館而去，其實對於青森到底是怎麼樣的地方是完全沒有概念的，可是「青森」這個地名實在起得太棒了——這裡就是一座「很大的森林」，擁有非常豐富的自然景觀。之後無數趟的日本之旅，只要一離開關東地區往北移動的話，青森縣無疑都是我旅途中的一個重要據點。

〈青森の自然行〉作為全書重要的首章，主要著重於「奧入瀨溪流」、「十和田湖地區」、「八甲田山地區」，並盡量同時呈現同一景點的兩季景色；第二章〈青森の輕旅行〉則介紹青森市及八戶市有關的景點。本文作為序篇，會先介紹交通攻略、旅程規劃，帶出各地的主要景點，各景點的完整內容將於後文逐一呈現。

至於為何我會將奧入瀨溪流、十和田湖地區、八甲田山地區等行程規劃在一起呢？這要從十和田八幡平國立公園說起。這座國立公園橫跨青森、岩手與秋田等三縣，分為兩大範圍：北邊是「十和田—八甲田山地區」，南邊為「八幡平」。北邊的主要景點是雄偉的八甲田山，以及幽靜的十

和田湖——這座湖泊是由十和田火山在 20 萬年前多次噴發後所形成的二重破火山口湖。湖泊的唯一流出口位於東邊，然後往東北延伸出一條約 14 公里的河段，即奧入瀨溪流。而八甲田山位於十和田湖北方約 20 公里一帶。

在介紹如何規劃行程之前，以下先大略說明青森地區的交通方式。

JR 東北巴士的「青森線」與「八戶線」

遊覽奧入瀨溪流、十和田湖地區、八甲田山地區的公共交通，唯一的選擇是「JR 東北巴士」。「JR 巴士東北株式會社」是營運青森、岩手、福島三區的巴士，持有「JR 東日本鐵路周遊券（東北地區）」及全日本鐵路通票的旅客可以免費搭乘全部路線。

JR 東北巴士在青森地區有數條路線營運，其中「青森‧八戶—奧入瀨溪流‧十和田湖」是我們主要會利用的路線。巴士分別有夏（秋）季路線與冬（春）季路線，有兩個出發點，乍看有點

1 | 搭新幹線到新青森站後，需再轉車到青森站。青森站前即是
JR 東北巴士站。
2 | 乘客正在排隊搭乘 JR 東北巴士。

複雜，但其實不難掌握。最多旅客搭乘的是夏季路線，營運期間為每年 4 月中到 8 月底；而 9 月至 11 月初開放的秋季班次則在每年 7 月公布，途經的車站變化不大，主要是因應賞楓人潮來調整班次。至於每年 11 月初到 4 月中行駛的冬（春）季路線變化較大，將於後文著墨。

「青森‧八戶—奧入瀨溪流‧十和田湖」又分為「青森—十和田湖」路線及「八戶—十和田湖」路線。青森線巴士在 JR 青森站出發，八戶線巴士則在 JR 八戶站出發，在前段各走不同的路線。青森線巴士途經的熱門景點，包括：八甲田山纜

車站、城倉溫泉、酸湯溫泉、蔦溫泉等；八戶線巴士則是前往十和田市現代美術館。接著，青森線與八戶線進入奧入瀨溪流範圍後，便開始行駛相同的路線；最後一段路，巴士會沿著十和田湖畔行走，以「十和田湖（休屋）」為總站。湖泊仍有很多地方保留原始面貌，而位於湖泊南岸、中山半島西側的休屋地區，是十和田神社的所在地，也是主要的觀光範圍。以上景點，都將於後文單獨詳細介紹。

關於巴士的班次，青森線每天共有三班來回車次（青森站開出的時間約為上午 8 點、9 點及 11 點多），八戶線則有兩班（八戶站開出的時間約為上午 10 點、下午 1 點多）。另外，還有兩個班次只行駛「奧入瀨溪流—十和田湖（休屋）」路線。如此看來，班次不算多，旅客更需要做好事前規劃。

雖然如此，我們其實不難發現這些路線的好玩之處，正是多變的旅遊規劃。以下，我分別列出幾種旅遊方案，供大家參考。

1 ｜ 「青森‧八戶－奧入瀨溪流‧十和田湖」巴士路線的完整資訊，包括班次、景點介紹、奧入瀨溪流散策等。

2 ｜ 青森縣的鐵路資訊。除了東北新幹線、JR 八戶線、JR 五能線外，私鐵有青之森鐵道、津輕鐵道、弘南鐵道。其中津輕鐵道的冬季限定「烤魷魚列車」，可以讓旅客在有暖爐的列車上邊喝清酒、邊吃烤魷魚。

3-4 ｜ 青之森鐵道的淺藍色列車。

▌旅程的天數端看你想怎麼玩

一日遊

　　若是住在青森或八戶，搭乘青森線或八戶線，一日遊覽奧入瀨溪流或十和田湖地區，是最入門、也最熱門的玩法。因為巴士班次的關係，一天最好只挑一個區域比較保險。兩個區域都想玩的話，誠摯建議安排為兩趟一日遊，或直接整合規

冬日的青森縣，連鐵路都一片白茫茫。（攝於 JR 八戶站）

劃成兩天一夜、三天兩夜的行程。

另外，有些人可能會想在離開時，搭八戶線順路下車參觀十和田市現代美術館，但這個規劃也是不太可能的。在此分享我初次經驗的行程安排：那是多年前的初春，當時我在 JR 八戶站前的飯店住上幾天，那處有幾家經濟實惠的連鎖式旅館，都是步行一、兩分鐘即可搭到新幹線或 JR 東北巴士的距離。第一天，我主要是遊覽奧入瀨溪流，黃昏時回到八戶；第二天再坐巴士去參觀十和田市現代美術館。

兩天一夜

兩天一夜通常意味著你得拉著行李箱，因此要預先考慮行李的處理。比如說，若是搭乘第一班的八戶線巴士，可以在十和田市現代美術館寄存行李，參觀後搭乘第二班次的巴士，直接在總站「十和田湖（休屋）」下車，入住湖畔的旅館，第二天才遊覽此區，下午坐車返回青森或八戶。相反亦可，即是第一天遊覽湖區，第二天早上搭八戶線，前往美術館。

1｜旅客可在八戶站搭乘新幹線、JR 八戶線、青之森鐵路等交通設施。搭 JR 東北巴士的旅客則在車站外的巴士站上車。

2｜JR 八戶線、青之森鐵路的共同閘口。青之森鐵路是青森縣的地方鐵路之一，昔日屬於 JR 東日本，後因新幹線開通而獨立出來運作。

特別提醒：拉著行李，是無法遊覽奧入瀨溪流的。

三天兩夜

三天兩夜的玩法自然更好玩，我的夏季旅遊便是這樣規劃。第一天，我搭乘第一班的青森線

晚上的青森灣大橋，圖右為紀念船「八甲田丸」。

巴士出發，先在當天要入住的蔦溫泉下車，將行李交給職員，但不辦入住手續，隨即我就快速回到巴士上，前往奧入瀨溪流輕鬆健行。為什麼能這樣安排？因為青森線及八戶線在去程上都會讓乘客下車去趟洗手間；青森線共有兩段5分鐘的休息時間，分別是在酸湯溫泉及蔦溫泉。等到健行完後，搭最後一班開往青森的巴士，在蔦溫泉下車，即可接回行李，並辦理入住手續。順帶一提，蔦溫泉附近的蔦沼是賞紅葉的超人氣景點，

我會善用晚餐前的空檔，散步造訪一下。

接下來就比較簡單。第二天，我在蔦溫泉搭巴士直接前往十和田湖遊覽，當天是入住湖區的溫泉旅館。最後一天，則如前文所提的，搭八戶線前往美術館參觀，行程在八戶站結束，之後便坐上新幹線，展開下一段旅程。

旅程天數的規劃，會關係到我們是要從青森、或是八戶出發。我第一次是從八戶出發，之後兩次都是由青森出發，大致上都是從這角度來考量。

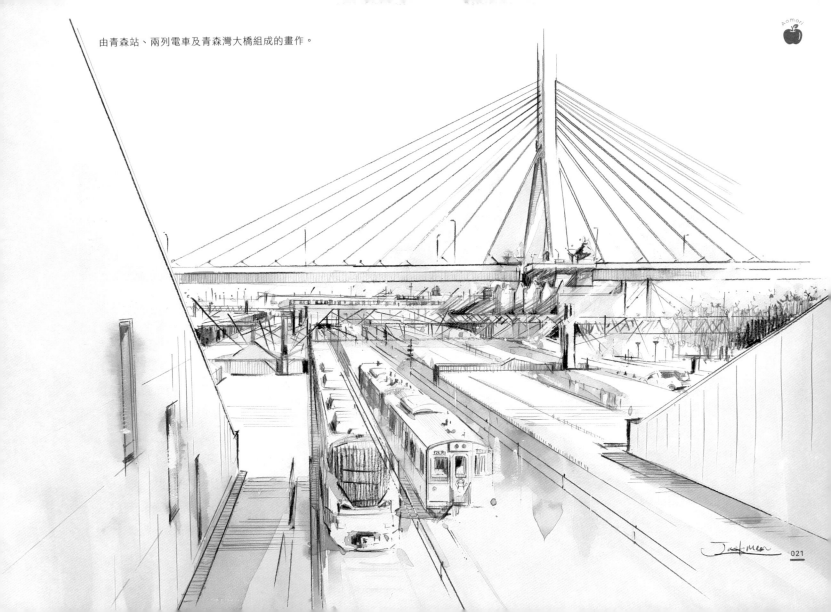

由青森站、兩列電車及青森灣大橋組成的畫作。

八戶站上方有一家「JR 東日本八戶 Mets 飯店」，旅客可在車站內直接進入旅館。而外面則有「東橫 INN 八戶站前」（圖中較高的那一座）及「Comfort 八戶」旅館（正中後方的那一座），一、兩分鐘的路程即可到車站，很方便。這兩家我都住過，若沒有較高的住宿要求，兩家分別並不大。

另一點要留意，青森線的第一班及第二班車是早上 8 點及 9 點左右，而八戶線是早上 10 點左右，如果希望在目的地有充裕一點的時間來遊賞，青森線的班次規劃應該比較理想。

JR 青森站附近的住宿好選擇

若在青森純粹只是為了過夜，隔天馬上搭乘第一班巴士出發，那麼選擇在 JR 青森站前的連鎖式旅館會比較好，比鄰的「Route Inn 青森站前」與「東橫 INN 青森站前」是兩家不錯的選擇，JR 巴士站都在它們前方約 30 秒的步行距離內。這兩家我都住過，設備雖然有點歷史感，但整體都維護得很好；兩家在設施上唯一的差別，是「Route Inn 青森站前」設有標準格局的室內大浴場，若要泡湯，我便推薦這家。

附近有連接 JR 青森站的主要大街「新町通商店街」，沿途有三、四家便利商店，各類餐廳與

1 | 這座外觀形似字母「A」的複合型觀光設施，取自青森日文「Aomori」的開頭字母。從我入住的「Dormy Inn 青森」走過去，路程約十多分鐘。館內除了有紀念品店，還有可供觀景的餐廳，能眺望到紀念船「八甲田丸」。

2-3 | 位於百貨公司地下街的青森新鮮市場，客人可在此自選配料，組成特色海鮮丼飯，廣受旅客歡迎。

不同級數的飯店也四處可見，機能相當方便；更可以找到位於百貨公司地下街的「青森新鮮市場」及附近的「青森魚菜中心」，兩處市場都設有餐廳，可讓客人自選配料，組成豐盛的特色海鮮丼飯，也有賣醃製食品及乾貨的小店。如果你打算在青森周邊玩幾天，建議從這條大街著手。

此外，步行到 JR 青森站大約需十多分鐘的「Dormy Inn 青森」，我曾在冬季入住過，它是當時大街上最新落成的旅館。我十分鍾情這家旅館，首先，頂樓有設備完善的大浴場，分為室內與室外，泡湯的客人可觀賞到青森市及陸奧灣的美麗景色。浴場外的公共空間以青森市著名的睡魔祭為主題，展示知名的大燈籠設計師北村麻子的作品照片，以及專為這家飯店製作的小型燈籠作品。

而這家旅館最大的亮點，就是早餐會提供鮭魚、鮪魚、花枝等刺身，及鮭魚卵、甜蝦等多款新鮮海鮮，其中超肥美的干貝更是來自青森的現貨，客人在這裡也可以自選配料，組成超級無敵的海鮮丼飯。每天早餐，我都會來兩碗海鮮丼飯大快朵頤，滿足得不得了。還有，晚上 9 點至 11

Aomori

1 │ Dormy Inn青森的頂樓除了大浴場外，也是睡魔祭展覽的場所。

2 │ 知名的大燈籠設計師北村麻子。（翻拍自現場展板）

3 │ 頂樓大浴場。

4 │ 頂樓大浴場外的公共空間，可觀賞到廣闊的青森市及沿海景色。

點左右，客人也可以在早餐區享用拉麵，免費的宵夜美食一直都是 Dormy Inn 這個連鎖式旅館品牌的特色。過去我曾留宿長野市，「Dormy Inn 長野」也往往是我下榻的選擇。

最後簡單說明我選擇住宿地點的考量，提供參考：我從青森市出發的兩趟奧入瀨溪流旅程，夏天之旅由於只是過夜性質，所以住在青森站前的 Route Inn 青森站前；冬天之旅由於還計畫遊覽青森市周邊的景點，需要住上幾天，因此挑選 CP 值很高的 Dormy Inn 青森。🍎

information

JR 巴士東北公司｜www.jrbustohoku.co.jp
青森線、八戶線巴士時間表｜
　　www.jrbustohoku.co.jp/towadako-oirase/ct/
Dormy Inn 青森｜www.dormy-hotels.com
Route Inn 青森站前｜www.route-inn.co.jp
青森新鮮市場｜
　　www.auga.aomori.jp/shinsen.html
青森魚菜中心｜nokkedon.jp

1-2 ｜ 飯店早餐提供產自青森的干貝、鮭魚刺身、鮭魚卵等海鮮，客人可自選組成海鮮丼飯。

3 ｜ 入夜後，飯店也會提供免費的拉麵給客人享用。

青森 \ MAP /

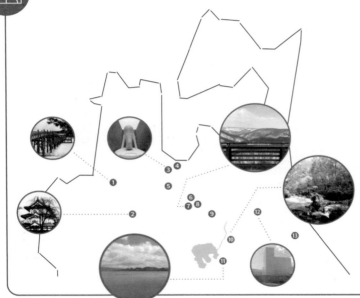

LOCATION

1. 鶴之舞橋
2. 弘前市
3. 青森縣立美術館
4. 青森市
5. 青森機場
6. 八甲田山纜車
7. 城倉大橋
8. 酸湯溫泉
9. 蔦溫泉／蔦沼
10. 奧入瀨溪流
11. 十和田湖
12. 十和田市現代美術館
13. 八戶市

Column **1**

三訪奧入瀨溪流　行程一覽表

初訪｜初春

奧入瀨溪流 ＋十和田市現代美術館

DAY 0　入住 JR 八戶站前的飯店

DAY 1　八戶市搭乘第一班八戶線巴士 ➡ 遊覽奧入瀨溪流 ➡ 黃昏時回到八戶市

DAY 2　搭八戶線巴士去參觀十和田市現代美術館

二訪｜夏季

奧入瀨溪流＋蔦溫泉／蔦沼 ＋十和田湖 ＋十和田市現代美術館

DAY 0　入住 Route Inn 青森站前

DAY 1 青森市搭乘第一班青森線巴士 ➜ 蔦溫泉下車寄放行李 ➜ 返回巴士前往奧入瀨溪流健行 ➜ 搭最後一班開往青森的巴士,在蔦溫泉下車 ➜ 入住期間的黃昏及清晨會到附近的蔦沼散步　見 1-2 2-1

DAY 2 早上在蔦溫泉旅館搭乘 JR 東北巴士來到子之口 ➜ 坐上觀光船前往十和田湖／休屋遊覽 ➜ 入住湖區的十和田飯店　見 1-4

DAY 3 搭旅館接駁車回到休屋 ➜ 搭乘往八戶的 JR 東北巴士 ➜ 中途下車參觀十和田市現代美術館　見 2-3

邁進八甲田山纜車站／城倉大橋／酸湯溫泉 [2] ➜ 在白天首次觀賞冰瀑 ➜ 下午 4 點多折返星野奧入瀨溪流飯店 ➜ 第一次晚間巴士導覽團　見 1-5

DAY 2 上午雪地健行導覽團 ➜ 下午日間巴士導覽團 [3] ➜ 第二次晚間巴士導覽團 [4]　見 1-2 1-3

DAY 3 搭往八戶的接駁車,前往南北海道繼續旅程見 Chapter 4 🍎

三訪｜冬季

奧入瀨溪流＋包車遊覽（八甲田山、十和田湖）＋鶴之舞橋＋青森縣立美術館

DAY 0 入住 Dormy Inn 青森,參訪青森周邊景點 [1]　見 2-2 2-3

DAY 1 包車遊覽,早上 9 點從青森市旅館出發,一路

NOTE

1 ｜入住 Dormy Inn 青森期間,我造訪的青森市周邊景點有:鶴之舞橋、富士見湖公園、弘前城雪燈籠祭、青森縣立美術館等。

2 ｜路線同 JR 東北巴士青森線夏季路線:八甲田山地區、奧入瀨溪流、十和田湖地區。

3 ｜日間與晚間的巴士導覽團行走的路線和景觀並不相同,因此最好兩個團都參加。

4 ｜第一天白天自行包車前往的冰瀑行,還能看到一定規模的冰瀑,但由於暖冬的關係,第一次參加的晚間巴士導覽團,與這一天早上的雪地健行,都沒有讓我看到預期的美景。後來當天黃昏幸運地遇上大雪,因而促成我報名第二次的晚間巴士導覽團,終於看到如夢似幻的冰瀑。

奧入瀨溪流的
夏與冬

坐 JR 東北巴士遊奧入瀨溪流

奧入瀨溪流館　　三亂之流　　石戶　　馬門岩

銚子大瀧　　九段之瀧　　子之口

我第一次造訪奧入瀨溪流，是在一個仍
在融雪、春寒料峭的日子。還記得當
天我走過的路大多泥濘不堪，雖然不太好
走，但一路上遇見的瀑布、奇岩、苔蘚等豐
富的自然環境變化，仍讓我目不暇給，而且
初春的綠意盎然配上淙淙的流水聲，有一種
治癒人心般的穿透力，完全撫慰了我的心。

當時意猶未盡的我，不但決定再訪，而且希望在不同的季節裡欣賞到不一樣的景色。於是，便有了幾年後的 8 月夏日之行，以及再隔年的 2 月冬季之旅。

總長 14 公里的奧入瀨溪流步道

全長 14 公里的奧入瀨溪流，分為下游（燒山—石戶）、中游（石戶—雲井之瀧）、上游（雲井之瀧—十和田湖子之口），而溪流本身與溪流兩旁的步道、森林、山谷及山壁等，都散布著瀑布、奇岩與苔蘚，擁有絕美的自然景色，因此成為國家指定的「特別名勝」及「天然紀念物」。

奧入瀨溪流不僅有著充滿綠意的清澈溪水與豐富的自然生態，而且車道、步道等設施也整頓完善。溪流的源頭是十和田湖，一般來說，旅客是從溪流下游往上游的方向行走，可以一邊健行，一邊欣賞水從上方流下來的美景。所謂的 14 公里步道，是指從被稱為溪流入口的「燒山」開始，走到位於十和田湖畔的「子之口」為止。

NOTE

關於冬、夏季的住宿策略

星野奧入瀨溪流飯店是唯一坐落於奧入瀨溪流旁的旅館，盡享地理及景觀的優越條件，再加上集團聲名遠播，所以房間十分搶手。由於夏天的住宿選擇較多，其實可以多多體驗不同的旅館，比如入住充滿特色的蔦溫泉旅館、十和田飯店。建議到了冬天的淡季期間，再入住星野奧入瀨溪流飯店。

奧入瀨溪流館是一座集結自然博物館、觀光諮詢中心等功能的複合式設施。

秋遊奧入瀨溪流也深受旅客歡迎，JR東北巴士屆時會開設特別班次，
專走燒山與休屋等路線。

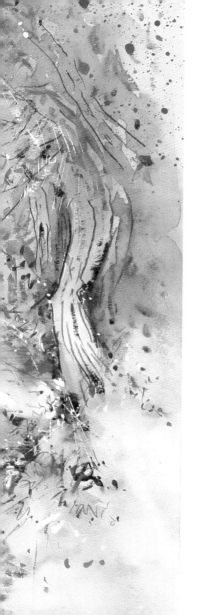

　　整個路段是車道與步道並設，主要是走在溪流旁，小部分是在車道旁，途中沒有岔路，所以完全不用擔心迷路的問題。這條步道是在 1961 年開發，並於 1975 年完工。

　　從燒山到子之口，共有九站 JR 東北巴士站，包括：燒山、奧入瀨溪流館、紫明溪、石戶、馬門岩、雲井之瀧、雲井之流、銚子大瀧及子之口。除非是自駕遊，不然巴士就是這段旅程唯一的交通工具。以下，我們將擇重要景點來展開奧入瀨溪流的旅程。

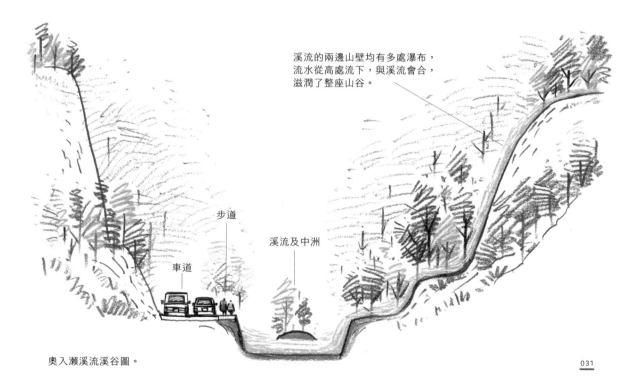

溪流的兩邊山壁均有多處瀑布，流水從高處流下，與溪流會合，滋潤了整座山谷。

車道

步道

溪流及中洲

奧入瀨溪流溪谷圖。

健行前必知的幾件事

第一，要自備足夠的飲料（尤其是夏天）與乾糧，如果你是從青森站或八戶站出發的話，最好在上巴士前就要準備好。

第二，走完 14 公里的步道，全程需時四、五個小時，若走走停停，六小時以上是跑不掉的。因此不少人會選擇部分路段以巴士代步，請務必事前查好班次，做好時間規劃，避免錯過巴士而影響行程。

第三，整條路段都是平坦好走的，除卻下雪的冬季，旅客穿一般的運動鞋或登山鞋即可。至於冬季的話，旅客可以準備雪鞋與雪杖，參加雪地健行活動。其中，被喻為奧入瀨溪流主要景觀的「銚子大瀧」，因為位置距離車道有一段距離，必須動用雪鞋及雪杖深入當地，才有機會欣賞到。

不少旅客融合了健行與 JR 東北巴士，以完成奧入瀨溪流的散策之旅。

自駕遊前必知的幾件事

如果選擇自駕遊，可從燒山向子之口駛去，途中共有四座停車場，分別是奧入瀨溪流館、石戶、銚子大瀧、子之口，其中奧入瀨溪流館的停車位最多，共有 80 個，可是距離主要景點都較遠。

自駕遊旅客往往習慣將車停在路邊，但這條路不是很寬，又有巴士及旅遊團的遊覽車要通行，而且旺季時有很多人會在車道上步行，所以自駕遊務必要多加留意停車的部分。

另外，紅葉時期還會實施人流管制，並封閉停車場，自駕遊成行前都要注意這方面的訊息。

奧入瀨溪流館的停車場共有 80 個車位。

我期待在未來的某個深秋能夠再遊奧入瀨溪流，如此一來，
我的四季奧入瀨溪流旅程便可畫上完滿句號。

JR 東北巴士遊奧入瀨溪流

LOCATION

❶ 奧入瀨溪流館
❷ 星野奧入瀨溪流飯店
❸ 馬門岩
❹ 銚子大瀧
❺ 子之口

奧入瀨溪流

十和田湖

燒山

奧入瀨溪流館

紫明溪

石戶

馬門岩

雲井之瀧

雲井之流

銚子大瀧

子之口

下游

景點特色 奧入瀨溪流館、奧入瀨湧水館、星野奧入瀨溪流飯店、黃瀨一帶有廣大的山毛櫸與日本七葉樹林、三亂之流

步行時間 約 1.5-2 小時

上游

景點特色 銚子大瀧、九段之瀧等九座瀑布（瀑布街道）

步行時間 約 1.5-2 小時

中游

景點特色 石戶休憩所、石戶下游與白銀之流右岸有廣闊的森林、阿修羅之流、雲井之瀧、冬季限定「馬門岩冰瀑」

步行時間 約 1.5-2 小時

生態資訊補給站：奧入瀨溪流館站

　　不少旅客認為，「石戶—子之口」是最精華的路段，因此會選擇在石戶站下車展開健行。但我覺得對於一日遊的旅客來說，奧入瀨溪流館站也是相當重要的起點，值得在啟程前參觀，或健行後到訪，順道買伴手禮；而選擇在此過夜的旅客，此站與其周邊就更不容忽視。

　　首先，在奧入瀨溪流館站下車，即可見到奧入瀨溪流館、奧入瀨湧水館，以及可容納80輛車的停車場及公共洗手間。而奧入瀨溪流館本身是一座集結自然博物館、甜點店、觀光諮詢中心與商店的複合式設施。

　　我喜歡這裡專門介紹奧入瀨溪流的小展區，可以透過照片、模型及圖表等來認識許多關於奧入瀨溪流的生態、歷史及散步路線的資訊。

1-3 ｜ 建議健行前後，都應該進奧入瀨溪流館看一看，這裡提供多種植物樣本，讓旅客可以詳細認識奧入瀨溪流的生態特徵。

4 ｜ 自行車、電動單車也是熱門的遊覽方式，可在奧入瀨溪流館與石戶租借。

燒山

奧入瀨溪流館

紫明溪

石戶

馬門岩

雲井之瀧

雲井之流

銚子大瀧

子之口

我在這裡買了河井大輔所著的《奧入瀨自然誌博物館》，雖是日文書，但書內的圖片及資訊十分豐富，不但成為我的旅行紀念品，也是我寫作的參考書。

另外，這裡有介紹苔蘚及販售苔蘚植物的專區，旅客也可以參加苔蘚體驗工作坊。其實，我們在奧入瀨溪流步道健行時，除了瀑布與溪流景觀，苔蘚也是觀賞重點。一路上走來，我們會發現不論是樹幹、岩石、腐木，還是人工石牆與橋梁、欄杆等，都會被不同種類的苔蘚覆蓋，而且腐木上也有多種菌類與黏菌的生長，山毛櫸樹皮還有地衣的蹤跡。因此，日本蘚苔類學會於 2013 年將奧入瀨溪流列為「日本貴重的苔蘚森林」（日本の貴重なコケの森），從此奧入瀨溪流便與「屋久島」、「北八岳」並列為日本苔蘚三大聖地；順帶一提，京都大原三千院、福岡光明禪寺庭院

左頁圖｜
根據日本蘚苔類學會的研究，奧入瀨溪流的苔蘚超過 300 個品種，占世界十分之一，被認證為「日本貴重的苔蘚森林」。這裡無論是樹幹、傾倒的腐木、岩石，都覆蓋著滿滿的苔蘚，充滿生命力的模樣讓人覺得很療癒。

1-2 ｜ 奧入瀨溪流館設有苔玉工作坊，成品可讓旅客帶回家作紀念。

3 ｜《奧入瀨自然誌博物館》是我旅程中的小禮物，詳細介紹了奧入瀨溪流的生態知識。

與九州白谷雲水峽，也是日本的苔蘚祕境。

入冬後，奧入瀨溪流館更成為所有冬季活動的主要據點，比如旅客可以在此報名冬季雪地健行團，並租用雪地健行的相關裝備；由於星野奧入瀨溪流飯店就在停車場的另一邊，從巴士站走到飯店正門只不過一、兩分鐘，所以冬天時，飯

奧入瀨源流水擁有優等水質，含豐富的鈣、鎂、鐵等礦物質，是奧入瀨溪流的名物。喝下用源流水製成的飲品有什麼感覺？就是旅行的一種儀式感吧。

店旅客都會來參觀奧入瀨溪流館。

奧入瀨溪流館不僅可租用單車及電動單車，也是很棒的休憩所，其一樓的伴手禮店「奧入瀨湧水館」販售的瓶裝水是這裡的賣點，賣的正是好喝的「奧入瀨源流水」（即清澈的十和田湖地下水）；瓶裝水的工廠也設置在館內，遊客可以在二樓俯瞰到廠內的產品製程。二樓空間提供輕食，用這裡好喝的水煮出來的咖啡飲品自然很熱門，青苔霜淇淋也極具特色。

腐木、碎岩造就的激盪：三亂之流

我的兩趟散策之旅，第一次夏季是從石戶，第二次冬季是從奧入瀨溪流館起行。一般公認的精華路段，都認為是從石戶開始的，因此一路上車多人多；反而是從奧入瀨溪流館到石戶的這一段，相對寧靜許多，有時路上甚至只有我一個人，讓我得以獨享奧入瀨溪流的美景。這段路程大約需要一個半至兩個小時左右，河面比較寬廣，兩邊均有大片的山毛櫸樹林，景點包括紫明溪、黃瀨、不動岩及三亂之流。

「三亂之流」是奧入瀨溪流的代表景點之一，在接近石戶前可遇見。由於這段溪流被亂石、倒樹影響，從原本的一道流水被劃為三道流水，當這三道溪流又再度匯聚時，所激出的水花充滿著魄力與層次感。到了冬天，三亂之流同樣熱門，可以看到溪石被雪覆蓋成大大小小的白色圖點，一顆顆散落在溪流上的冰帽真的很可愛。

右頁圖｜

1-2　｜河道中的腐木、石頭成就了三亂之流的激盪匯聚。在奧入瀨溪流，若不妨礙行走，倒木一般都不會撤除。

3-4　｜冬日時會看到溪流上散布著一顆顆披著白雪的可愛溪石。

三乱の流れ

正值 8 月炎夏，日本很多地方都壟罩在酷
暑中，但奧入瀨溪流的氣候依然涼爽，是
個非常清幽的避暑勝地。漫步其中，吸收
滿滿的芬多精，享受一趟沁人心脾的夏日
散策之旅。

精華步道的起始點：石戶

　　石戶是中游的起始點。「石戶」一名出自方言，意思是「石之小屋」，傳說有一位名叫「鬼神於松」的女盜賊曾出沒於此、打劫殺人。如今，這裡只有設置小商店與洗手間的石戶休憩所，遊客也可在此租借或交還單車。JR 東北巴士與搭乘大型巴士的旅遊團客多在此下車，十分熱鬧。

　　從石戶開始的路段，四周仍是廣闊的森林，特色景點分別是：屬於奇岩山壁的，如石戶、屏風岩、馬門岩及天狗岩；溪流方面，有阿修羅之流、平成之流、白銀之流等；瀑布部分，則有千筋之瀧、雲井之瀧、雙龍之瀧、白布之瀧及岩菅之瀧等。如此一數，石戶確實是溪流的精華路段，全程走完約兩個小時左右。其中靠近馬路的那一面岩壁，即馬門岩及雲井之瀧，是這段溪流中游的兩大代表景點，均設有巴士站。

石戶休憩所是精華路段的起始點，人多車多，特別熱鬧。它與奧入瀨溪流館、JR 巴士子之口站都提供借還自行車的服務。

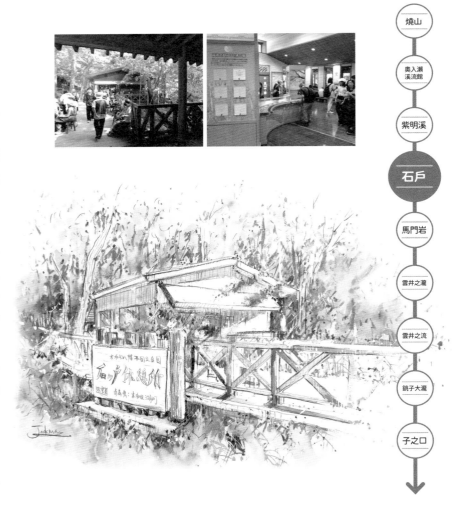

燒山

奧入瀨溪流館

紫明溪

石戶

馬門岩

雲井之瀧

雲井之流

銚子大瀧

子之口

被時間停止的瀑布：馬門岩

馬門岩是一座高度超過 20 公尺的巨大岩壁，主要觀賞的是被流水切割、進而呈現出柱狀節理的特殊景色。不過這裡真正出名的，是旅客常常掛在嘴邊的「奧入瀨溪流冰瀑」──原本順著岩石表面流下的清澈泉水，在嚴酷的氣溫下結凍成冰柱，彷彿這裡被施了時間停止的魔法一般。依觀光地圖標示，整條奧入瀨溪流擁有近 20 條具名瀑布，再加上沒有標示的無名瀑布和湧泉，每逢冬季都會結冰。

如此壯觀罕見的冰瀑奇景令人嘖嘖稱奇，絕對是冬天到訪此地的重頭戲，且日夜各有不同風情。白天時，條狀的冰瀑會在陽光的折射下，閃耀出不同的色彩。入夜後，原是連一盞路燈也沒有、一片漆黑的世界，在官方的車燈安排下，也可以欣賞到充滿神祕感的夜之冰瀑。

除了自駕遊外，旅客可以透過兩種途徑前往觀賞，一種是搭十和田市觀光中心提供的巴士導覽團，另一種是參加飯店的導覽團，比如星野奧入瀨溪流飯店即有提供（詳見後文）。

因為太熱愛冰瀑了，連續好幾回造訪馬門岩的冰瀑。即使是暖冬下的冰瀑，仍看得我萬分感動。

圖❶攝於第一天，圖❷為第二天。圖❷白框處即是因天氣回暖而融化的冰塊面積。

❶

　　至於我，在同一趟旅程中，總計看了四次冰瀑——第一天白天，我曾自行包車，看過一次。當日入住星野飯店後，又參加了三次飯店主辦的巴士導覽團：第一天晚上的晚間巴士團、第二天下午的日間巴士團，都是事前就預約好的；至於第二天晚上的晚間巴士團，則是臨時起意參加。為何要重複看這麼多次？省下時間留給其他行程不是更好嗎？但我主要考慮的是，萬一因為天候因素無法欣賞冰瀑，多一點備案會更保險一點。

　　後來，事實證明，有備無患是對的。白天自行包車前往時，仍能看到冰瀑，雖是暖冬下的冰瀑，也照樣讓我驚呼連連——那些凍結在山壁上的冰柱完美地詮釋出空靈的美感。但沒想到第二天早上，飯店的導覽員卻通知冰瀑的一部分冰塊因融化而斷裂，冰瀑規模失色不少。我不得不慶幸，因為自己太熱愛冰瀑了，所以重複安排同樣的行程，至少在第一天包車時看過冰瀑。（不過，後來臨時起意參加的第三次竟奇蹟般地讓我看到最美的冰瀑，詳見後文。）

與渺小的人相比，冰瀑真的很巨大。

在路邊就能欣賞的瀑布：雲井之瀧

　　從馬門岩步行約半小時，可前往另一個也位於中游的代表景點——以三段式長瀑聞名的「雲井之瀧」；它位於奧入瀨溪流的其中一條支流。

　　離車道只有一分鐘即可步行到達，冬訪時在積雪不算特別多的時候，只要多留意安全，也可以走近觀賞雲井之瀧，感受其氣勢。

　　同時，這裡也設有巴士站，無論冬夏，在馬路旁就能直接觀賞。尤其冬天時，步道封鎖，難以深入溪流周邊，可以在馬路上就近欣賞到壯觀爆布，對遊客來說是非常幸運的事。

　　雲井之瀧就近看時，洶湧澎湃且氣勢磅礴；遠觀時，則可連同瀑布下的小溪一起欣賞，視覺上因此多了一重層次感。

雲井之瀧落差約 20 公尺，分成三段式落下，是流入奧入瀨溪流的瀑布之一。它位於路邊，自駕的話容易錯過。

燒山

奧入瀨溪流館

紫明溪

石戶

馬門岩

雲井之瀧

雲井之流

銚子大瀧

子之口

就近走在雲井之瀧旁，感受水流奔騰的氣勢。

銚子大瀧有著彷彿從酒壺裡倒出酒水的磅礴氣勢。

燒山

奧入瀨溪流館

紫明溪

石戶

馬門岩

雲井之瀧

雲井之流

銚子大瀧

子之口

溪魚逆流而上的大敵：銚子大瀧

　　散策之旅從下游展開，一路前行，並搭配巴士先後拜訪多個特色景點後，終於來到銚子大瀧，彷彿來到終極景點般令人興奮與滿足！

　　有別於馬門岩和雲井之瀧，銚子大瀧在路邊是看不到的。「銚子」一詞，解作酒壺，形容的是這個大瀑布就像從酒壺裡倒出的酒水一樣。寬達 20 公尺、高度 7 公尺的銚子大瀧，是位於奧入瀨溪流上游的景點；相對於其他瀑布都是從兩邊山壁的更高處流下，它是唯一位於溪流上、直接從溪流本段的高處沖向低處的瀑布。因此，銚子大瀧也有「魚止瀑布」（魚止めの瀧）之名，因為其高度落差足有 7 公尺，所以逆流而上的魚群會被銚子大瀧擋下，無法抵達十和田湖。

　　夏天時，共有兩條路線前往銚子大瀧。一條是旅客沿著步道經過九段之瀧，即可走到銚子大瀧的正面；另一條是坐巴士或駕車在銚子大瀧站下車，從銚子大瀧後面下行一段路，最後繞到大瀧的正面。可是冬季期間，第一條路線會因積雪

而難以步行，第二條從巴士站下行的路線也會被關閉，因此唯一的方法就是參加雪地健行活動。

我參加的是星野奧入瀨溪流飯店的雪地健行，旅客也可選擇參加奧入瀨溪流館的活動。兩者規劃相近，全程約兩個小時，會先坐車到一些重要景點遊覽，再進行雪地健行體驗；行走的雪地路段大致簡單，連同裝備，費用總共 4,000 日圓。順帶一提，飯店的雪地健行活動共有兩個團，地點分別是銚子大瀧與蔦沼森林。

實際行走約半小時的雪地健行體驗，即使是第一次也可以順利完成。

踏上雪地開始健行：九段之瀧與子之口

扣除坐車及觀賞其他景點的時間，旅客可以健行的時間大約半小時，這是最令人期待的重頭戲：當專車來到九段之瀧附近，大家魚貫下車後，就在路邊穿上雪板，待導遊講解注意事項後，即可開始健行。即使這次的雪地健行不是我的初體驗，但當腳實實在在地踏上雪地，並享受著山林間絕美的雪景時，仍是十分感動與興奮。

同行的旅客中，有的人是第一次走雪地，但他們同樣能輕易上手。走了不久，我們來到九段之瀧，這座瀑布位於溪流右邊的山壁上，某處高點的岩石因為長期被流水侵蝕，因而形成罕見的樓梯狀斷崖。我目測，這裡的流水量應不及雲井之瀧，但相較於充滿氣勢的雲井之瀧或銚子大瀧，九段之瀧的涓涓流水反而給人一種細緻的質感。

再行走半個多小時後，便見到十和田湖。在溪流健行的大部分時間，只能窺望少許的天空，來到湖畔的一刻，終於迎來景色的大轉變。我深深覺得奧入瀨溪流健行之旅，可以在一大片廣闊的天空與湖泊下畫上句號，是最美好的安排。🍎

1 │ 我們一路健行，來到九段之瀧的瀑布。

2-3 │ 顧名思義，九段之瀧的瀑布被石壁分成多
　　　 段傾注而下，也因此減緩了一瀉而下的氣
　　　 勢，多了一種細緻的質感。

控制湖水位的子之口制水門

夏天時，旅客可以從銚子大瀧坐上巴士繼續前行，途中會遇見子之口制水門。此制水門專門用來調節溪流的出水量，避免十和田湖的水位持續下降。十和田湖本身沒有大河灌注，水源來自降雨與融雪，而奧入瀨溪流是十和田湖的唯一出水口，流出的湖水再加上支流的水會流向下游的十和田發電所。一年當中，除了每年5月至9月須維持農業用水外，其餘時期皆會使用制水門來減少或暫停出水，並且將支流的水透過青撫取水口導引入湖，以回升湖水水位。到了冬季，為配合電力需求的高峰期，屆時制水門便會大開出水，供發電所提高產電量。

子之口制水門。

停泊在子之口的十和田湖觀光船。

猶如時間停止的雪夜

見證奧入瀨冰瀑壯景

星野奧入瀨溪流飯店　　奧入瀨溪流館　　奧入瀨溪流冰瀑巴士團

冬遊奧入瀨溪流，讓人最期待的重要行程，就是冰瀑的夢幻景色。但很可惜的是，自己竟然遇到暖冬。在入住星野飯店的第二天早上，我參加飯店的雪地健行活動時，導覽員深感歉意，好像旅客沒看到期待的景色是他造成的一樣。

他說：「今天大家看到的馬門岩、銚子大瀧冰瀑，其實都失色不少，我對此十分抱歉。不過天氣預報說今晚會下雪，明天這些景色就可以恢復如昔，如果你們明天還會參加其他活動的話……」

明天？明早我便要離開了！不過他所說的「今晚」，到底是指什麼時間呢？我此行究竟能否遇上最美的冰瀑呢？

星野飯店的預訂與使用指南

星野奧入瀨溪流飯店是冬季少數有營業的飯店之一。相信讀完前文、且有意來一趟冬日版的奧入瀨溪流之旅的旅客，一定很好奇入住這家飯店的體驗如何。以下我將分享自己在訂房、住宿、吃食、參加活動的相關經驗。

由於這家飯店位於奧入瀨溪流旁，加上冬天期間仍有營運，並提供多元化的冬季活動，所以超受歡迎，一定要提前預訂。我的旅程是定在 2 月農曆新年期間，在前一年 8 月底買好機票後，我就直接上官網訂房了。之所以會選在官網訂房，

INFO

飯店的免費接駁車

飯店提供的免費接駁車共有三班往返班次，分別從青森站、新青森站、八戶站出發，都是在中午左右發車，全天只有一班。由於座位有限，建議規劃好行程後，要盡快透過官網預約班次座位。萬一預約不到車要怎麼辦呢？JR 東北巴士便成為重要的交通工具。夏天比較方便，青森、八戶都有多個班次，但到了冬天，青森開出的巴士無法來到這裡，旅客只能搭乘從八戶開出的 JR 東北巴士。下午 1:15 發車，大約 2 點多抵達奧入瀨溪流館，步行一、兩分鐘即可抵達飯店正門。再次強調，一天只有一班，錯過真的很麻煩。

主要是因為我還要預訂飯店的接駁車、各項免費及付費活動等，這麼做會比較方便，且訂房後，旅客便可擁有自己的帳戶，查詢與管理行程都能透過帳戶來處理。至於入住天數，旅館在旺季期間要求旅客至少要入住兩個晚上，付款方面也須即時全額支付，可見其熱門程度。些許安慰的是，提早數個月訂房，可享有早鳥優惠。

久違的雪終於來臨了，這場雪猶如流星雨般，讓所有人都流露出無限的喜悅。

此乃溪流和室，是我喜歡的簡約自然風。

1 ｜ 為全房圖，面積為 44 平方公尺。

2 ｜ 窗前放置沙發。

3 ｜ 基本上沒在睡覺時，我都會躺在沙發上，欣賞窗外的溪流景色。

　　飯店分為東、西兩館，共有 184 間客房，客房分為兩大類：溪流房間與非溪流房間。我想，沒有任何理由不選溪流房間（除非入住日連一間也沒有）。溪流房間又分為三種：溪流和室（1-4人）、包半露天溫泉的溪流雙人房（1-2人）及溪流套房（1-6人）。前兩間房型的面積都是 44 平方公尺，後者為 120 平方公尺。

　　我鍾情於和室，自己也不會在房內享用半露天溫泉，再加上飯店的大浴場是一大賣點，要泡湯非去大浴場不可，所以便挑選了溪流和室。我的溪流房間位於西館，經過整修後，融合簡約與在地的自然元素，沉靜的配色搭配傳統榻榻米，寬敞的空間給人舒適的入住體驗。房間最大的特色自然是一大片落地窗，讓外頭的景色一覽無遺，還有一張沙發擺放在絕佳的位置，讓我從早到晚都可以愜意地在此盡享溪流美景。

結合自然與人文的特色活動

　　星野飯店的招牌特色是提供多項免費、付費

飯店以青森的名產蘋果為主題，打造出自助式餐廳「青森蘋果廚房」，其設計、裝潢、料理皆洋溢著蘋果元素。

INFO

三餐的選擇

　　早餐及晚餐，我都選擇飯店提供的自助餐。飯店也有一家提供精緻晚餐的法國餐廳，以及在臨近溪流的露台上享用早餐，但需要額外付費。至於午餐，飯店餐廳並沒有提供，附近又沒有便利商店、松屋或麥當勞之類的連鎖店。因此，我推薦位於飯店對面的「石窯ピザ Ortolana」，能吃到熱呼呼的美味食物；另外，奧入瀨溪流館二樓也有簡單輕食，提供義大利麵及咖哩飯等。

的活動，通常是與當地的特殊景觀與文化風俗結合的主題活動，例如葫蘆燈籠與苔玉的付費工作坊便頗受歡迎，在自助餐時段開始前，有不少情侶與家庭旅客會來參加。

　　至於飯店裡舉辦最多場次的活動，無疑就是遊覽奧入瀨溪流各大代表景點的巴士團。飯店會以專車載旅客遊覽溪流的代表性景點，去看冰瀑、

葫蘆燈籠與苔玉是飯店的兩個自費體驗項目，其中葫蘆燈籠就只有在飯店才可以體驗到。葫蘆燈籠真的很特別，旅客可先挑選自己喜歡的圖案，再於葫蘆上鑽出大小不一的孔。也可以購買已做好的葫蘆燈籠作紀念。

冰柱、溪流雪景等景觀，大多以下車即可見到的景點為主，比如三亂之流、馬門岩、雲井之瀧、十和田湖畔（子之口）等；至於無法在馬路旁參觀的銚子大瀧，就不會停車。

日間巴士團在夏冬兩季均有開辦。夏天是雙層敞篷巴士，冬天則是單層旅遊巴士，每趟可載三、四十名旅客。日間班次頗多，最早的班次在早上 7、8 點就發車了，可以感受到飯店希望每位旅客都能參加到的用心。至於夜間巴士團只有兩班，安排在旅客用完晚餐後的時段出發。無論是日間或夜間巴士團，全程皆約一個半小時左右，都是免費的。

我在第一個晚上參加了夜間巴士團，第二天早上再自費報名雪地健行團，下午的日間巴士團也沒有錯過。每天有兩個不同地點的雪地健行團，上午及下午各一場，全程約兩個小時，每團人數約十人，費用 4,000 日圓，包含雪地健行裝備租用、專車導覽服務費等。我參加的是前往銚子大瀧的健行團，另一團是帶領遊客走入靄靄白雪的蔦沼森林裡。

1 ｜ 我們參加飯店的雪地健行團，即使遇上暖冬，也不減遊興。
2 ｜ 中間穿著藍色外套的人是導遊，他正預告當晚會下雪。

飯店中特別令我放鬆的場所

第一天，我在下午 4 點多來到飯店。一踏入設於東館的正門，首先映入眼簾的就是飯店最具代表性的景點——東館大廳。大廳有一座由已故日本藝術家岡本太郎創作的大型裝置藝術，搭配後方盡收雪景的超級大落地窗，儼然就是一幅天然畫作，吸引所有人的手機、相機鏡頭。這件名叫《森之神話》的裝置藝術懸掛在大廳正中央，是一件高 8.5 公尺、重 5 噸的青銅作品，作品中有飛鳥、人類和森林精靈一同起舞的豐富畫面，不禁讓我聯想到一些關於青森的大自然故事與森林傳說。

1 ｜ 由岡本太郎創作的《森之神話》裝置藝術，座落在東館大廳。

2 ｜ 東館大廳。攝於雪後的清晨，窗外的一切都被大雪覆蓋。

3-4 ｜ 西館也有一個較大的公共空間，外面是一個寬敞的露台，是
　　　另一個我特別喜歡的飯店空間。

傍晚時分，自助晚餐還在準備中，東館大廳會免費提供氣泡酒、蘋果汁與小點心等，讓大家在銅暖爐生起的篝火前談天說笑。晚上9點過後，夜色低垂，不少人已回房休息，但這個時候我特別喜歡坐在大廳一角的長椅上，悠然自得地沉醉於窗外的靜美世界中，想著許多冬日旅行的往事。

西館也有一個較大的公共空間，旅客除了可觀賞到一幅寬 8.5 公尺、採用溪流中生長的細葉翁蘚組成的巨大苔蘚藝術牆外，也有一座溪流圖書館，供旅客閱讀自然攝影集或動物繪本；還可以走出戶外，到「潺潺露台」呼吸專屬於此溪谷的新鮮空氣，若遇上下雪，更可以用手觸摸飄下來的雪花，體驗雪花的真實。這個大露台也是我特別喜歡的場所。

另外，星野飯店的大浴場也讓我印象深刻；遊訪日本多年，我住過不少溫泉旅館，遇過一些擁有特殊景觀而使我願意再次回訪的大浴場，而這樣的悸動感，我在這裡也有幸感受到。浴池種類雖不多，但飯店真正想讓旅客體驗的是，一邊在露天浴池泡湯，一邊欣賞溪流與山林交織成的動人雪景。

冬季限定的「冰瀑之湯」更是這家飯店的私房特色：冬季時的風呂兩側牆壁會持續噴射霧狀水花，使冰柱不斷累積，最終呈現出一幅達 3.5 公尺高、16 公尺寬的「小馬門岩冰瀑」，讓泡湯的旅客可以在浴池欣賞到冰瀑之美。我本著一貫的個人喜好，早上、傍晚及晚上都會去露天風呂泡湯，並體驗溪流與冰瀑與共的景致，真是人生一大樂事啊！

宛如流星雨般的奇蹟雪夜

如前文所提，我前幾次的冰瀑之行都沒有看到最精彩的狀態，原本想說：「看來這次是無緣了，就放下吧。」但就在離開的前一晚——奇蹟發生！

當時是下午 5 點多，外頭早已徹徹底底地天黑了。我在東館大廳喝著氣泡酒，突然發現，落地窗外開始有白雪紛飛，且有愈下愈大的勢頭，原本光禿的樹枝轉眼間都染上了銀白，溪流兩岸也被潔白的絨毯厚厚地覆蓋了。我靈光一閃，趕

從還未下雪（❶）到下雪後（❸）的連續圖。當我們發現下雪的那一刻（❷），就像收到上天送給大地與旅人的禮物一樣興奮。

看過馬門岩冰瀑與三亂之流，我的冬遊奧入瀨溪流終於寫上最美的句號。

緊到活動的集合處詢問：「請問今晚的巴士團還有空位嗎？可以臨時報名嗎？」我有預感，可以看到最美的冰瀑。

　　所謂的冰瀑，就是指凍結的瀑布與湧泉，冰柱在白天會因氣溫回升而影響其結凍的程度，但一入夜後，又會因低溫再度凝結，回歸冰瀑的最佳狀態。因為冰瀑會不停隨著氣候環境改變，所以每一回觀賞到的冰瀑都是一期一會的珍貴景致。

這場即時雪，讓我終於見到最美的冰瀑景色。

1-2 │ 這場雪就像流星雨一樣，在這個特別的夜晚落到每個人的心中，閃耀光芒。

3-4 │ 工作人員在馬路一角駐守，提醒大家留意交通狀況。

果不其然，這場降雪一路從下午 5 點持續下到晚上 8 點，讓冰瀑恢復其原有的壯闊氣勢。

可是入夜後，整座峽谷都是一片漆黑，連一盞路燈也沒有，我們到底要如何看到冰瀑呢？原來，十和田市的觀光機構會在晚上派出車頂裝有投射燈的燈光車，在幾個代表性景點駐守。除了飯店的夜間巴士團，十和田市觀光機構主辦的夜遊巴士團也會載旅客造訪。有人下車觀看時，照明裝備才會亮起。

說不出所以然的奇幻神祕意境

這是一個雪下得如流星雨般盛大的特別夜晚，而我的幸運還不僅止於此——竟然能夠加入沒先預約的夜間巴士團！

一個小時的巴士團，我們先後去了馬門岩與三亂之流，馬上就被藍色、紫色與粉紅色等多種顏色的冰瀑包圍。當我們一下車，不但一點都沒有庸俗之感，整個視覺感受也與白天全然不同，讓人真正感受到時間停止的魔幻感。對比前面兩

雪落山林溪谷，輕雲淡淡，大地乾淨，處處美好與安穩。我深深地呼吸，品味著大地被白雪洗淨的清新。（攝於西館的公共露台上）

回觀看到的景色，簡直天壤之別，我終於看到「最美」的冰瀑了！

本來已經放棄看到最美的冰瀑景色，但沒想到，「在離開的前一晚遇上久違的下雪」、「沒有預約夜間巴士團竟可臨時成功報名」的奇蹟同時發生，最終令我這趟奧入瀨溪流冬遊，無憾地畫下充滿驚喜又值得感恩的美麗句號。🍎

information

星野奧入瀨溪流飯店｜https://hoshinoresorts.com/zh_tw/hotels/oirasekeiryu/
奧入瀨溪流館｜oirase-towada.jp
奧入瀨溪流冰瀑巴士團｜frozen-oirase.com

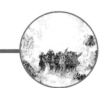

INFO

錯過飯店活動別驚，還有這些！

夏遊奧入瀨溪流的資訊在坊間或網路上比較多，冬遊方面反而不多，而本文整合了冬遊奧入瀨溪流的各種活動，是我自己冬遊奧入瀨溪流的完整攻略。

車遊奧入瀨溪流當然不是星野飯店旅客所獨享的活動，其他旅客也可以參加由十和田市觀光中心主辦的巴士旅遊團，英文名稱為「Frozen Oirase Gorge Day-time/Night Bus Tour」，同樣有日夜兩團。巴士團採預約制，主要在週五至週日運行，往返費用為 3,300 至 4,400 日圓。

夜間巴士團設有兩地發車的班次。第一班是從十和田湖休屋出發，服務在冬季期間仍有營運的旅館的旅客，包括十和田莊、十和田湖畔櫻樂等；巴士在下午 5 點載客，夜遊五處奧入瀨溪流景點（比飯店的巴士團更多），大約晚上 7 點回到休屋。另一團是在十和田市出發，下午 6 點發車，接近晚上 10 點回到出發站。我猜想，夜間巴士團的車上應該會配有一位導遊，途中進行導覽，並提醒旅客相關注意事項？

日間巴士團的部分，則於中午 12 點半從 JR 七戶十和田站出發，大約下午 2 點抵達奧入瀨溪流館，有兩個小時的導覽活動，再於下午 4 點返回出發站。官方沒有特別說明導覽時段的內容，我個人推測可能包括兩個部分：第一是「自由時間」，例如旅客在奧入瀨溪流館參觀、購物及自費享用甜點等；第二是「巴士載旅客前往代表性景點」，因為如果沒有這兩個環節（尤其是第二個），那麼這個巴士團的吸引力便不大。至於讓旅客自行走訪部分代表性景點……應該不太可能，因為最近的代表性景點三亂之流，單程也需要一個小時以上。

另外，旅客也可在奧入瀨溪流館的官網預約活動。第一個活動是免費的小型電動巴士團，會在白天接載旅客前往景點。第二個活動是雪地健行，費用 4,500 日圓，跟飯店提供的差不多。這兩項活動都是上午、下午各一回。如果你是星野奧入瀨溪飯店的旅客，卻錯過報名飯店活動的機會，那就推薦你改參加奧入瀨溪流館主辦的活動。

冬遊奧入瀨溪流的各種巴士團與雪地健行團比較表

活動項目	遊奧入瀨溪流巴士團	雪地健行團	Frozen Oirase Gorge Day-time/ Night Bus Tour	小型電動巴士團	雪地健行團
主辦單位	星野奧入瀨溪流飯店		十和田市觀光中心	奧入瀨溪流館	
參加資格	飯店旅客		任何旅客	任何旅客	
事前預約	需預約	需預約	需預約	需預約	需預約
活動費用	免費	4,000 日圓	3,300 ~ 4,400 日圓	免費	4,500 日圓
營運時間	•日、夜間皆有	•日間	•週五至週日營運 •日、夜間皆有	•週四至週日營運 •日間 •上、下午各一回	•日間 •上、下午各一回
相關網站					
備　　註	日間與晚間行走的路線與景觀並不相同，且日間與夜間的氛圍各有吸引力，因此參加兩個團能得到最完整體驗。	含雪地健行裝備租用、專車導覽服務費等。	夜間巴士團從十和田湖休屋出發，主要服務在冬季期間仍有營運的旅館的旅客。也有從十和田市出發的班次。		

★　各項活動實際營運資訊，仍以官網當年度發布為準，本表資訊僅供參考。

遺世獨立的
火山口湖

十和田湖的夏日魅力

十和田湖遊覽船　　乙女之像　　十和田神社

十和田飯店　　十和田湖冬物語

JR 東北巴士在奧入瀨溪流區域行駛時，因為溪流兩邊都是蔥鬱高大的森林，很少能看見天空。等巴士出了奧入瀨溪流後，景色便大為轉變，迎來的是一大片廣闊的湖泊與天際，讓人豁然開朗。接著，我也準備要在湖邊的子之口下車了，這裡是十和田湖旅程的起始點。

話說多年前，我第一次在子之口下車時，並沒有做好旅遊規劃，不知道十和田湖的觀光船僅在每年 4 月底至 11 月初運行。當時是 4 月初，觀光船仍處在冬季停駛的狀況，我難免失望，但也很隨緣，很快就接受事實，開始在碼頭欣賞起宛若汪洋的十和田湖，在湖畔愜意地寫起了旅遊筆記。

事隔多年後的 8 月，我終於在子之口的碼頭登船，遊賞夏天的十和田湖了。

▌十和田湖的觀光核心——休屋

美麗潔淨又帶神祕美感的十和田湖，是因火山多次活動導致地層改變而形成的二重破火山口湖，而奧入瀨溪流是其唯一的流出口。以地理上來說。這座周長 44 公里、面積 59.8 平方公里的湖泊（居日本第 12 名），橫跨了青森縣南部十和田市與秋田縣小坂町；有趣的是，地圖上那道無形的分界線剛好落在休屋地區的部分旅館上，旅客可以在兩個縣之間瞬間移動。位於中山半島的休屋地區是湖泊主要的觀光範圍，而 JR 東北巴士的總站正是設在這裡。

1 | 在中山半島的前端有一座可愛的小島，島上有一棵美麗的松木「回頭松」（見返り松）。
2 | 優美溫婉的中山半島。
3 | 御倉半島的風景給人豪壯氣派的印象。

準備從子之口啟航的十和田湖觀光船。

觀光船的兩條路線

十和田湖的遊覽船有兩種遊湖路線，都是約 50 分鐘。A 路線是來往子之口與休屋，一天各有三趟往返船班。B 路線是從休屋出發，行駛至中湖後繞回休屋，一天有六班。兩條路線的重點景色相同，可按自身的實際情況及時間來選擇，例如，我覺得 B 路線適合本身已經住在休屋區旅館的旅客與自駕遊旅客，或是準備在休屋區坐巴士離開的人。

船上不多的旅客，彼此都很有默契，各自在船上的不同角落找到自己喜歡的空間，靜靜地沉醉在十和田湖的慢遊時光。

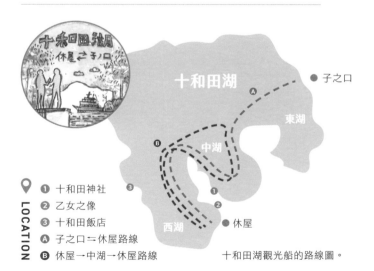

十和田湖

子之口

東湖

中湖

LOCATION

1 十和田神社
2 乙女之像
3 十和田飯店
Ⓐ 子之口⇄休屋路線
Ⓑ 休屋→中湖→休屋路線

西湖

休屋

十和田湖觀光船的路線圖。

遊覽十和田湖最大眾化的方式，是搭乘遊覽船與參訪休屋地區，也就是旅客只需搭乘 JR 東北巴士就可以輕鬆地在一天內完成旅程。當然，還有比較深入又不一樣的規劃，例如在休屋地區的旅館住上一晚、在湖上划船、自駕前往湖泊四周的觀景台，包含瞰湖台、御鼻部山展望台、瀧之澤展望台、紫明亭展望台等，從不同的角度欣賞各種湖光水色。

有些旅客會把奧入瀨溪流與十和田湖地區安排在同一天，但這樣的規劃過於緊湊，建議一天只去一個區域比較從容。

在湖面上體驗十和田湖之美

　　坐巴士前往的我，A 路線是比較順路的選擇，我搭早上 11 點整的第一班船來體驗十和田湖之美。整艘遊覽船共有三層樓，除了甲板空間外，各層都有室內座位，也可付費享用最上層的豪華室。雖然天色不算明朗，但我很享受清風吹在臉上的感覺，在戶外的甲板區也可觀看到在陸地上看不見的十和田湖風光。時序若到 10 月底，更可見到中山半島與御倉半島被豔紅、金黃的秋色染得璀璨奪目，教人賞心悅目。

　　湖泊靠南的範圍，又細分為東湖、中湖及西湖。子之口位於東湖，休屋則在西湖；東湖與中湖之間有一座御倉半島，中湖與西湖之間也有一座中山半島。這兩座半島的湖畔與周邊景物正是觀光船旅客觀賞的亮點，例如御倉半島有一座高度約 220 公尺的大岩壁斷崖，稱為「千丈幕」。順帶一提，夾在御倉半島與中山半島之間的中湖水深達 327 公尺，是日本第三深的湖泊。

　　下船後，就會見到小廣場左側的「十和田湖

觀光船駛經中山半島,一旦踏入 10 月,這一片綠意盎然就會染上繽紛的秋色,令人賞心悅目。

觀光交流中心」，可在此索取十和田湖周邊的相
關資料與地圖。裡面最吸引我的地方，是介紹了
棲息於十和田湖的十多種魚類，數量最多的是姬
鱒魚、鯉魚等。現場並設有一座大魚缸，裡面是
半年前在附近的孵化場出生的姬鱒魚。

　　由於十和田湖是火山口湖，加上奧入瀨溪流
的瀑布眾多，阻擋魚兒向上游，因此長久以來，
十和田湖中沒有任何魚類棲息，直到 1936 年當地
人把北海道支笏湖產的姬鱒魚苗流放入湖中，才

十和田湖的商店、旅館大多集中在中山半島的休屋範圍。圖中央是
休屋的觀光船碼頭，小廣場左側為十和田湖觀光交流中心，沿著湖
畔小路往右一直走，可走到乙女之像及十和田神社。圖❶白框處是
位於西湖半山腰上的十和田飯店。

準備讓旅客登船的十和田觀光船。天光美好的一天，真令人期待。

1 | 十和田湖觀光交流中心設有一座大魚缸，裡面是附近孵化場出生的姬鱒魚。

2-3 | JR 巴士總站。二樓的餐廳空間頗大，旅客可在落地窗邊欣賞湖景。

在湖邊走走，很容易被這家臨湖的木屋咖啡店吸引，想必能欣賞到十和田湖最美的湖光山色。

漸漸繁殖成為十和田湖的特產之一，湖邊的食堂也都以燒烤姬鱒為號召。我在蔦溫泉旅館也享用過姬鱒魚，確實齒頰留香、令人回味無窮。

廣場前方，過馬路、面對碼頭的建築物為 JR

巴士總站「十和田湖（休屋）站」，旅人可在此搭乘 JR 東北巴士返回青森或八戶站。我在二樓餐廳享用午餐，落地玻璃窗可觀看整座碼頭及湖泊的廣袤景色。另外，湖畔有一家叫「Towadako Marineblue」的咖啡店，是許多人公認的，享受湖畔午後時光的首選之地。

讓人很想在裡面喝杯咖啡的湖畔木屋咖啡店。

十和田湖的休屋夏季散策

在十和田湖休屋散步很輕鬆，沿著碼頭的右邊湖畔步道一直走（往北走）即可。在抵達十和田湖的地標「乙女之像」之前，旅客會先經過接近湖邊的一座迷你小島「果報島」，其前後方均有迷你神社，分別供奉惠比壽和大黑神。據說人們只要在岸邊朝著小島扔擲賽錢（香油錢），就能保佑願望成真。而一路沿著湖畔慢慢走，除了遠眺賞湖外，我也發現這裡的湖水很乾淨，因為沒有大河注入之故，所以外來的泥土、養分稀少，水草稀疏，使得水質長久以來都能保持清澈。

至於稍早在船班快接近碼頭時，我就已先眺望到十和田湖的地標乙女之像了。這座建於1953年的乙女之像，是為了紀念十和田八幡平國立公園成立15週年而興建的，也是日本近代著名雕刻家、畫家和詩人高村光太郎的遺世之作。乙女之像以高村的妻子為本（看來在很大的程度上，藝術家也希望把愛妻的身影永遠留在十和田湖畔），創作成左右各一座、高2.1公尺的裸女雕像。兩尊造型相同，以湖泊為背景，面對面合掌站立。據說是高村意圖塑造十和田湖清澈的鏡面意象，即「讓兩人完全相同，如同照鏡子一樣」的構思。

乙女之像後面的杉木森林，則散發著淡淡的清幽氛圍。我往裡面走，沒多久就看到隱身於林木間的一座木造老神社。

1 ｜湖邊有一座迷你小島，別名「果報島」。　　2 ｜冬天的迷你小島，有兩座供奉惠比壽和大黑神的迷你神社。

3 ｜十和田湖地標「乙女之像」。

1-4 ｜ 歷史悠久的十和田神社旁盛開著繡球花,當時不少人正在參拜。
5 ｜ 我也曾在冬天二訪十和田神社,在覆蓋白雪的杉樹森林中前行。

十和田神社隱身於樹齡超過兩百多年的杉樹林裡，散發著靈氣。

據說建於 8 世紀的十和田神社，是湖畔地區歷史最悠久的建築物。由於參道及周邊盡是高聳的杉並木，加上本身也是很古老的木造建築，我有一種置身於充滿靈氣的大自然聖殿的感覺。這座古老神社供奉日本武尊，自日本鎌倉時代起就是出家人在山野修行的寺廟，後來在江戶時代開始廣受一般民眾信奉，參拜人潮在每年重要的節日裡總是絡繹不絕。

實際上，拜訪十和田神社的正式入口是在另一邊，以旅館十和田莊作為起點，穿過由樹齡超過兩百多年的杉樹所圍抱出的參拜隧道，被引領到石製的大鳥居後，即可抵達本殿。

出自神社大匠之手的百年大飯店

休屋地區集結了好幾家不同規模的旅館，還有餐廳、伴手禮店，與 JR 東北巴士站的距離都在咫尺之內，是許多旅客過夜的落腳處。但我偏愛特色旅館，便在與休屋碼頭遙望的對岸半山腰處，找到了建於 1939 年的十和田飯店。

INFO

冬季限定的十和田湖冬物語

每年冬季，十和田湖休屋都會在 2 月舉辦「十和田湖冬物語」，為期三週。

活動的重頭戲是每晚 8 點整都會舉辦花火表演，主場地舊十和田湖小學更設有巨大雪雕、雪屋 Bar、屋台美食街等，也有與秋田犬互動的活動，晚上還會有由 16 萬顆 LED 燈組成的各式燈光造景、光之隧道等設施可參觀。另外，每週六晚上都會邀請藝人或表演團隊在此進行演出，十分熱鬧。

若想玩得盡興，當然是選擇在休屋過夜，但不少旅館都會在冬天休業，仍有營業的旅館主要是十和田莊與十和田湖畔櫻樂，前者是此區規模頗大的老字號旅館。

交通方面，如果旅館沒有接駁車可搭，旅客可搭乘從八戶站開出的 JR 東北巴士，巴士在十和田莊前有車站；巴士的往返班次各一班，從八戶開出是下午 1 點多，從休屋開出是早上 9 點多。活動期間，巴士也會在主場地增設車站。

寧靜的十和田飯店坐落於可俯瞰十和田湖的山丘上。它建於 1939 年，是一棟以天然杉木建成的三層樓大旅館，於 2003 年指定為國家有形文化財。

1 | 飯店正面。

2 | 室內最顯著的特點,是帶有開放式天花板
  的入口大廳。

3 | 山毛櫸樹皮柱。

4 | 外牆使用半圓杉木圍築而成。

5 | 入口處以湖邊的石頭鋪設。

戰後，由於十和田湖區成為重點觀光區，也為了招待東京奧運會的貴賓，因此當時的市政府將它修建為更具規模的正統度假飯店。雖然位於半山腰處，但飯店在休屋的 JR 東北巴士站前方安排有接駁車服務，約 15 分鐘的車程即可抵達。

十和田飯店的最特別之處是本館，已於 2003 年指定為國家有形文化財。興建之初，邀請了來自秋田、青森、岩手三縣的 80 名神社木匠（宮大工）負責操刀，並採用秋田縣的天然杉木建成這座三層樓的大旅館。外牆使用大量半圓形杉木鋪排，中庭多根雪松木柱至今已有近百年的歷史，入口前的山毛櫸樹皮柱更有一百年的歷史；另外，每個房間的壁龕、天花板、格子門，都充滿著極富特色的木雕作品。

我踏進挑高的玄關，環視充滿歷史氣息的內部，有一種置身於宮崎駿動畫的感覺。整座飯店由外到內皆相當宏偉，但並非是那種虛無的富麗堂皇，而是散發著寧靜安詳的溫暖氛圍，與十和田地區的簡樸氣質相襯。飯店過去接待過不少重要人物，昭和天皇及皇后於 1961 年曾在此下榻，成為這座飯店重要的里程碑。

本館的房間與大浴場都可以俯瞰清幽的十和田湖，我選的房間窗景雖然不是正面的賞湖視角，但我已經很滿足了。本館房間以日式為主，不習慣日式房間的旅客，可選擇新館的西式房間。

飯店大門前有一條小路，牌子上寫著「湖畔（徒步 10 分鐘）」。我便沿著小路下行，途中又發現一處展示地圖的介紹牌，原來這裡有一條叫「西湖畔遊步道」的分岔路，北行一公里左右，可走到鄰近的十和田王子大飯店。沒多久，我來到一處異常幽靜的湖畔祕境，這裡有一座僅供小船停泊的迷你碼頭，左手邊則有一座岬角，在樹林中藏著一間臨湖小木屋。這時，清晨的陽光輕輕地照射著湖面，泛起點點光輝，我遠望幾片薄薄的白雲，靜靜地感受著當下的美好與幸福。🍎

information

十和田市觀光｜www.towada.travel
十和田湖冬物語｜towadako-winter.com
十和田飯店｜towada-hotel.com
十和田莊｜www.towadaso.co.jp
十和田湖畔櫻樂｜towadakohansakura.com
十和田王子大飯店｜www.princehotels.com/towada/zh-hant

1-2 ｜ 我入住的湖景套房，視野極好，讓我得以遠眺水平如鏡的湖面。晨光灑下來的光撫在水面上，像是一個個柔和的光環漂浮著。

3 ｜ 溫泉旅館提供的豐盛晚餐。

4 ｜ 偶然間來到無人的湖邊，迷你碼頭、臨湖小木屋、澄清的湖水、薄薄的白雲……這是屬於我的十和田湖小祕境。

獨享八甲田山冬日連峰

青森的包車之旅

青森縣包車　八甲田山纜車站　城倉大橋　酸湯溫泉

冬季期間的青森經常因大雪而封路，JR
巴士班次也因此大幅縮減，只剩下三
班對開的青森線與一班對開的八戶線。而冬
季的巴士路線更有別於夏天：夏季路線的「青
森—十和田湖」，到了11月初到4月中的冬
季路線，就會變成「青森—八甲田」，以酸
湯溫泉為終站。

也就是說，巴士因受大雪的影響而無法進入奧入瀨溪流，因此蔦溫泉站也會關閉，直到 4 月中才會重新營運。至於八戶線，基本上沒有變動，依然維持「八戶─十和田湖」，不過由於每年 2 月在十和田湖休屋地區都會舉行熱鬧的十和田湖冬物語（雪祭），反而會增加一個靠站點，接送旅客去十和田湖冬物語的場地。

考量以上種種狀況，本文將為大家介紹，如何以「包車」的方式，來暢遊冬季的青森。如此，也可以前往巴士都不會經過的景點，比如日本第一長的上路式拱橋「城倉大橋」。

當天載我的是四人座轎車，幾件大行李放在後車廂，由青森市出發，一路邁進八甲田山、奧入瀨溪流、十和田湖等地。圖中攝於十和田湖邊。

INFO
青森的包車服務

關於包車服務，我是在 KKday、Klook 上找到的，預約過程很順利，不過要注意的是，費用須「全數預繳」。網上付款後，很快有專人透過電郵及 whatsapp 與我聯繫，並詢問我想去哪些地方；如果路線預計超過 8 小時，對方也會提醒。另外，由於當天旅客特別多，無法提供中文司機，只能安排到日語司機。雖然語言不通，但我充分體驗到日本職人的優質服務及專業態度，非常滿意。

我預訂四人座轎車（租車公司也有提供十人座車），後車廂可存放幾件大型行李，基本費用包含 8 小時，超時以每小時計算（5,000 日圓），這都是常見的做法（若途中有收費的高速公路與停車費等，則由客人自付，但這趟並沒有這部分支出）。

當日包車是在青森市的早上 9 點整開始，下午 4 點左右抵達星野奧入瀨溪流飯店為止，初步算下來，並沒有超過 8 個小時。但如果當天有搭到八甲田山纜車、登山去看樹冰的話，其實總共會是 10 個小時。

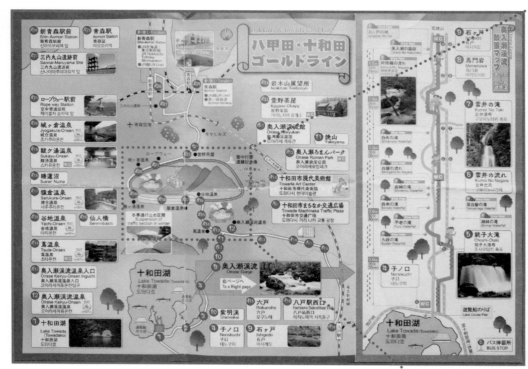

JR 東北巴士的完整交通資訊，可在觀光中心或巴士總站取得。
其中紅框處，為巴士途經八甲田山範圍的局部圖。

1 ｜ 夏季路線巴士駛經各站，前往蔦溫泉、奧入瀨溪流。

2 ｜ 冬季路線巴士以酸湯溫泉為總站，後續站點皆是關閉的。

3 ｜ 車子可依圖中的指示線，繞另一邊的道路前往蔦溫泉、奧入瀨溪流。

自駕前往谷地溫泉

冬天的青森線巴士雖以酸湯溫泉為總站,但其他車子仍可進入奧入瀨溪流。行走的路線是不去酸湯溫泉,改在經過萱野茶屋後就離開國道 103 號,駛進「青森田代十和田線」的路段,繞一個大圈子後,便可抵達谷地溫泉,不久就能來到奧入瀨溪流。

八甲田山的雪之迴廊

提到冬季被封鎖的國道 103 號,也想順帶一提「雪壁」。日本最知名的雪壁自然是黑部立山,但東北地區也有三條雪之迴廊,青森八甲田山的雪之迴廊便是其中之一,也就是這條被封鎖的路段。山路在冬季累積了大量積雪,到了春季後,由除雪機鏟出道路,兩側筆直高聳的雪壁因而形成。總長 8.1 公里的青森八甲田山雪之迴廊,其雪壁大約有 9 至 10 公尺高,每年 4 月開通前會有兩天的健行活動,需事前預約,汽車也不能通行,這都是為了讓旅客可以漫步欣賞壯觀的雪壁。

雖未能分享青森八甲田山雪之迴廊的照片,但這回我抵達城倉大橋入口時,靠山那邊也被鏟成一道雪壁,目測高度也達 3 公尺以上。

強風！運休！看樹冰要運氣

早上9點，司機先生準時來到旅館與我會合。一路上，我看著窗外景色由市景漸漸變成山景，滿心期待著第一站的八甲田山纜車站——我準備坐纜車上山去觀賞壯觀的八甲田山樹冰。

巴士需要一小時才能抵達八甲田山纜車站，而我的包車只需20多分鐘便抵達目的地。豈料，我在纜車站門口見到白色牌子上寫著四個大字：「強風」、「運休」！我急忙詢問職員，答案是預計全天都是「運休」，真是晴天霹靂！

牌子上進一步說明山上的風速達到每秒25公尺以上，查看日本氣象廳的解說，我才知道這樣的強風等級會導致房屋屋瓦掉落，一般人也無法在不依靠支柱的狀況下站立。

我看到纜車站內坐著幾名滑雪客，看似無奈地滑著手機，難道是在盼望轉機會在一、兩小時後出現嗎？我當下不得不離開，繼續前往第二站。中午前，司機替我查詢，一如纜車站職員所言，運休持續。心有不甘的我，曾打算再賭賭看，甚至不惜放棄第二天的重要行程，想再上去

巴士車程要一個小時，但包車只要20多分鐘便抵達八甲田山纜車站，沒想到——「強風」！「運休」！

登山纜車雖停駛，但滑雪吊椅仍在運作，滑雪客可以繼續滑雪。

看八甲田山樹冰，結果纜車站官網一樣宣布「運休」。看來，這趟旅程我是真的與八甲田山樹冰無緣了，不禁想起當年第一次去看藏王樹冰也是相同的遭遇，直至數年後才有幸看到。那麼，八甲田山樹冰……我也唯有寄望於未來了。

不過，「登山去看樹冰」雖是八甲田山纜車冬季的重頭戲，但也千萬別錯過其他季節的大自然魅力，如夏天的高山植物、秋季的滿山紅葉等，都可以成為初訪或再訪的理由喔。

在城倉大橋上眺望蒼茫大地

從八甲田山纜車站開車，只需 10 分鐘就能抵達城倉大橋，這座大橋長久以來名列青森縣的熱門賞楓景點，也是進入奧入瀨溪流前的重要一站。因為從最近的城倉溫泉巴士站走過來需要 20 多分鐘，來回是 40 多分鐘，而且要花上一小時以上才能搭到下一班巴士，能來到此地的大多是自駕旅客，當然也有不少熱血的人選擇從巴士站走過來。

長達 360 公尺的城倉大橋於 1995 年開通，連接青森縣的津輕與南部地區，屬於日本最長的上路

1 | 我在無人無車的城倉大橋上漫步，獨享著冬日八甲田山的連峰美景。

2 | 當時風勢的狀況。

3 | 走到橋的另一端，發現那裡的洗手間整座都被大雪覆蓋，只露出屋頂。

時序進入 10 月秋季後，城倉大橋的景色又會截然不同。

NOTE

沒有魚的城倉溪

通過十和田八幡平國立公園的城倉溪流，從每年 11 月至 5 月間，大約有 7 個月的漫長時間都被覆蓋在雪中，又因為溪水屬於強酸性，所以完全沒有魚類可以棲息其中。此溪最後會通過青森市中心而流入大海。

式拱橋。能夠在交通困難、嚴酷的自然環境中成功地架起這座大橋，肯定是集結了許多人的努力。

我在橋頭下車，然後散步到橋上去參觀，司機先生則到另一側的停車場等候。大橋設有人行道，不過道上因嚴冬而積滿了雪，我只能走在車道上，幸好車流稀少，並不危險。

此刻橋上一個旅客都沒有，就只有我專心地凝望著眼前的黑白世界，好像我整個人掉進了水墨畫布一樣。站上這座與溪谷落差達 122 公尺的大橋上，完全一掃我在八甲田山纜車站撲空的失落，盡情地享受到極其遼闊的視野，銀裝素裹的八甲田山連峰一覽無遺。俯瞰橋下的城倉溪流靜靜地流淌，沿著層層疊疊的山巒一路延伸到看不見的遠方，讓我感受到一種蕭靜荒蕪的獨特美感。

走到橋中間，八甲田山連峰一覽無遺。

進入秋天後，想必整座山谷都會染滿豐富的顏色。
這幅秋日畫面，令我深深地期待著。

部分八甲田山的溫泉旅館會在冬天關閉，酸湯溫泉則全年無休。

八甲田山保留的傳統溫泉文化

八甲田山位於仍在活躍的火山群中，因此造就不同泉質的溫泉分布在國道沿途上。比較著名的溫泉包括：城倉溫泉、酸湯溫泉、猿倉溫泉、谷地溫泉、蔦溫泉等，青森線巴士在夏天時都會依序在這五個溫泉站停靠，到了冬天則只會以酸湯溫泉為總站，後三者休館，直至 4 月才重新營業。以規模來說，酸湯溫泉的規模最大。其他溫泉還有八甲田溫泉、田代平溫泉等。

從城倉大橋開車前往酸湯溫泉，大約十多分鐘。這是一間充滿歷史風情的木造旅館，擁有 140

旅館門口旁的「混浴三規條」說明牌。請留意這幅插畫：「正在混浴的男女雙方都以奇怪的目光望著對方。」

間客房，而門口旁的「混浴三規條」說明牌馬上吸引我的目光，附有一幅令人會心一笑的插畫：「正在混浴的男女雙方都以奇怪的目光望著對方。」簡而言之就是——混浴的男女雙方都應該「非禮勿視，互相尊重」，而訂立這些規則的「混浴守護會」，就是為了推廣混浴文化而成立的機構。

日本的傳統混浴文化雖然日漸式微，不過東北及九州地區仍有少數可以混浴的傳統旅館，其中一家就是這間早在 1684 年開業，至今有三百多年歷史的酸湯溫泉。這裡的泉質屬於酸性硫磺泉，效能強大，主治皮膚病、神經痛、婦科病、風濕病等，因此於 1954 年被日本政府登錄為國民保養溫泉地第一號，令我想起坂本龍馬曾到霧島溫泉治病的一段事蹟。酸湯溫泉其實也設有租金特別便宜的「湯治部」房間供人長租，據說昔日真的有不少人長期租住來泡湯治病，現在應該甚少人這麼做。不過，如果來此閉關寫作，好像是不錯的選擇。

千人混浴的酸湯溫泉

「千人混浴」的酸湯溫泉照，經常出現在日本的旅遊雜誌上，自己曾經偶然看過，第一時間的視覺衝擊十分震撼。

酸湯溫泉的男女混浴區是一個全用青森檜木建成的混湯大澡堂，裡面有熱湯、冷湯、四分六分湯、湯瀧等溫泉池，面積為 248 平方公尺（約有 160 個榻榻米），可以同時容納許多人，曾創下千名男女一起混浴的紀錄，又稱為「千人浴池」。至於不敢去混浴的朋友，可以去傳統男女分開的浴場，但面積比較小。

來這裡日歸泡湯就跟一般大浴場一樣，旅客可在入口的自助售票機購票進場。因為會附浴巾、

北国の巻人、青森岩手

八甲田山中酸ヶ湯千人風呂標高九二五m。

青森秋田

1 | 這幅集結日本人及外國人的「男女老幼混浴」壯觀照片，掛在旅館顯眼的位置。
2 | 男女獨立泡湯的地方。
3 | 日歸浴旅客在門口購票後，便可脫鞋入內泡湯。

毛巾，所以泡湯時兩手空空地來也沒問題。還有，千人浴池是為了泡澡而設的大浴場，並沒有沖洗身體的地方，因此禁止使用肥皂、洗髮精。

這天，我沒有足夠的時間來一場日歸浴，只能到此一遊，買一些伴手禮便前往下一站。最後補充一點，山區很難找到餐廳，旅客若沒有準備當天的午餐，不妨考慮旅館內的「鬼面庵」餐廳，這裡以提供酸湯蕎麥麵及生薑味噌筍等料理聞名，可作為在旅途中稍事休息的中繼站。

至於我這天的午餐，是司機先生推薦的，他載我來到星野奧入瀨溪流飯店對面的「石窯ピザ Ortolana」用餐。這是一家以提供窯烤披薩為主的木屋餐廳，食材選用了青森縣產的新鮮蔬菜、水果來製作料理。蘋果披薩絕不能錯過，鋪上兩種青森特產蘋果烤製而成，香脆好吃。冬季期間只能單點，到了夏季則採用自助式，一小時內美食吃到飽。這家餐廳無論是 CP 值還是內部裝潢都不錯，而且從飯店走過去也很方便，所以我第二天的午餐也選在這裡。謝謝司機先生推薦！

司機推薦的窯烤披薩餐廳「石窯ピザ Ortolana」，餐點的 CP 值極高。餐廳位置就在星野飯店對面。

包車費買下的行動自由

接下來，車子前往奧入瀨溪流與十和田湖休屋地區，沿途經過知名景點，司機先生會特地停車，讓我下車走走，例如奧入瀨溪流的兩大代表景點馬門岩冰瀑（冬天限定景色）與雲井之瀧，這兩處皆位在路旁的山壁，可輕鬆下車觀賞（詳細介紹請見前文〈奧入瀨溪流的夏與冬〉）。

最後要說，我覺得包車這筆開銷非常划算！基本上，我規劃的路線與 JR 東北巴士青森線的夏季路線沒有分別，走的同樣是八甲田山地區、奧入瀨溪流、十和田湖地區，最後折返星野奧入瀨溪流飯店。這次主要是因為從青森往星野奧入瀨溪流飯店，冬季期間的 JR 東北巴士青森線是無法到達的，旅客只可在飯店接駁車或自駕、包車之間作選擇。飯店接駁車雖免費又方便，但只有午後一班，時間會被綁死，而且很想在抵達飯店前走訪八甲田山區，因此最後決定以包車的方式完成這趟旅程。雖未能看到八甲田樹冰，但在一天內能載我逐一拜訪我所有想去的景點，最後安全地帶我返抵飯店；多花一點錢，即解決了全部的問題，更能滿足自己想要達成的心願，怎麼算都相當值得。🍎

information

八甲田山纜車站｜www.hakkoda-ropeway.jp
酸湯溫泉｜sukayu.jp
石窯ピザ Ortolana｜ortolana.jp

回到大正時代
泡溫泉

青森的千年祕湯之旅

蔦溫泉旅館　　蔦溫泉　　蔦沼

奧入瀨溪流、十和田湖,都是青森縣十分重要的自然景觀區域,位置比較偏遠,往往需要充足的準備才能成行,時間上也得規劃長達兩、三天才能玩得夠本。不過,其實要探訪青森,也有不難入手的輕旅行選擇。因此來到本章,規劃就變得比較輕鬆,不需要太周延的規劃,背包一提就可以直接上路,且大多是在一個小時左右的車程就可以去到喔。

青森 \MAP/

LOCATION

1. 鶴之舞橋
2. 弘前市
3. 青森縣立美術館
4. 青森市
5. 青森機場
6. 八甲田山纜車
7. 城倉大橋
8. 酸湯溫泉
9. 蔦溫泉／蔦沼
10. 奧入瀨溪流
11. 十和田湖
12. 十和田市現代美術館
13. 八戶市

可遇不可求的夢幻蔦沼朝燒

　　在進入輕旅行的主題前，想先談一下火紅到不似人間物的夢幻「蔦沼朝燒」。許多人形容是「一生必看一次的絕景」、「日本的終極美景」，近十年間，已成為青森縣最熱門的紅葉祕境。當然，要看到這幅美景，真的也很碰運氣；雖然我無緣在最佳的時間點看到，但這次仍坐上從青森市出發的 JR 東北巴士，來一趟夏季的蔦沼之旅。

　　在巴士進入奧入瀨溪流前，我選擇在這段山路的最後一站「蔦溫泉旅館」下車，這正是我下榻的地方。旅館附近有「蔦七沼」，即蔦沼、鏡沼、月沼、長沼、菅沼、瓢簞沼、赤沼等七座沼澤，皆因赤倉岳火山爆發所形成，其中最出名的，是面積最大的蔦沼。

　　蔦沼的紅葉打破了一般人「紅葉＝楓葉」的印象，這裡被染紅的，是青森山毛櫸。每年入秋後，蔦沼的原始櫸木林會開始由綠轉黃，最終變成紅色。當然，蔦沼「朝燒」的精髓，可不只有「滿山遍野的櫸木林變紅」這一項條件要達成而已，更重

要看到如夢似幻的蔦沼朝燒，難度很高，但我願意為它豁出去。

白神山地

　　說到青森山毛櫸，便想到「白神山地」，這也是我一直想去探索的另一處祕境。白神山地是青森縣西南部及秋田縣西北部的廣闊山地，有一大片蒼蔥翠綠、未被人為破壞的山毛櫸原生林，與被喻為「傳奇之地」的屋久島（位於九州大隅半島南方 60 公里的島嶼）同時於 1993 年登錄為世界自然遺產。

　　前往白神山地，可以搭乘夢幻的觀光列車五能線「Resort 白神號」，沿線可一覽湛藍的日本海與白神山地，途中景點包括青池、不老不死溫泉，以及後文將介紹的鶴之舞橋等。

這是下車點旁的蔦沼入口，同車有幾位旅客下車後便步行前往蔦沼。

蔦溫泉旅館交通方式

　　可在青森搭第一班的 JR 東北巴士來到蔦溫泉，車程約一小時，巴士會在此站停留 5 分鐘供乘客下車休息。隨後巴士繼續前行，大約 10 分鐘後便抵達奧入瀨溪流入口。下午 4 點，我再於原地搭上開往青森市的回程巴士，在蔦溫泉旅館下車即可。

　　蔦溫泉旅館也有免費的接駁車，設於 JR 七戶十和田站，這是八戶站及新青森站之間的小站，班次不如八戶站或新青森站的多，若要利用的話，這部分要特別留意。旅客若於下午 3 點整搭上接駁車，大約 45 分鐘即可來到旅館。

JR 東北巴士在蔦溫泉站休息 5 分鐘，旅客可以下車休息。我巧用空檔，在旅館寄存行李。

要的時機點有二：首先，必須是「朝」，讓曙光直射在欅木林上，整片樹林就會變得彷彿被大火猛烈燃燒般的火紅。第二，當日天氣必須晴朗無雲、無風無雨，如此岸上的景色才能倒映在平滑如鏡的蔦沼上。堪稱夢幻美景的每個瞬間，都可遇不可求。目前最佳的觀賞期為 10 月中旬至下旬，但一年當中真正能看到蔦沼朝燒的日子實在是屈指可數。

NOTE

遇見蔦沼朝燒的難度

　　每年秋天，蔦沼都會蜂擁而入大量的遊客及攝影達人。蔦溫泉旅館官網會提早在 2 月開放 10 月旺季的訂房，但即使價錢水漲船高，旅館仍是一房難求。據說凌晨 3、4 點，蔦沼的木板步道第一排就已架滿了攝影腳架，且如果是駕車前往蔦沼的，更要事先到相關網站預約、買入場券，才能進入現場。不過如果將來我真的可以在秋季成行的話，我可能還是會提早搶搶看旅館，搶不到的話，就選擇以包車的形式，直接從青森市衝去蔦沼賭賭看！

盛夏的蔦溫泉旅館。

回到大正時光的蔦溫泉旅館本館

　　八甲田山整個山區散布多家溫泉旅館，每一家都遠離塵囂，與山林合而為一，交通不便反而成為它們讓旅人放鬆療癒的優點。我最後挑選了這家靜靜坐落於蔦沼入口的蔦溫泉旅館，不但是因為它距離蔦沼很近，旅館本身的歷史與溫泉特色也很吸引我。

我以畫筆將蔫溫泉充滿生機的夏日留在畫紙上。

建於 1918 年的蔦溫泉旅館本館，採用櫸木及橡木建成，走進古色古香的大門後，不論是門廳、接待處、木階梯，還是所有的客房，都保留著一百多年前的原貌，處處充滿著大正時代的懷舊氛圍。

我特意挑選入住本館「原裝」的客房，裝潢仍是百年前的傳統日式風格。需要注意的是，房間設備沒有洗手間、浴室、空調及冰箱，男女分開的公用洗手間位於同一層的走廊。官網上也列明，由於百年前的建築要求與現今不同，本館房內的客人可能聽得到隔壁房間或走廊上行走的聲音，因此只限成人入住。

房間的一切都很基本樸素，但我的體驗卻是愉快與舒適的，還帶有久違的滿足。當時是盛夏 8 月，雖然沒有空調，但此地海拔較高，開窗後吹進山間的清新微風，非常涼快。而入住溫泉旅館是為了泡湯，泡湯就應該去大浴場享受（個人不偏愛房內的小浴池），所以即使房內有浴室，我也甚少使用。

左頁圖 |

1 | 懸掛在旅館大門的櫸木製招牌，充滿歲月的味道。
2-4 | 保留著一百多年前建築原貌的本館內部。
5-6 | 本館的公用洗手間。

當然，公用洗手間方面，我也稍稍覺得不便，但只有一、兩晚而已，加上洗手間維護得很乾淨，心理上很容易適應。沒有小朋友入住的本館客房，對於追求幽靜的旅客來說真的非常理想。至於西館是旅館的新建館舍，設備現代化，房間布局也採西式，本館房間沒有的設備如洗手間、空調等，西館全都具備，更高級的房間也設有半露天風呂。因為適合家庭入住，相對於本館，這裡就沒有那麼幽靜了。

在全櫸木浴池享受千年祕湯

旅館擁有被喻為「千年祕湯」的蔦溫泉，無色透明的硫酸鹽泉水都是從池底的水源處直湧上來，沒有接觸到空氣，非常珍貴。此泉又稱為「療傷之湯」、「治中風之湯」，擁有讓血管及皮膚恢復彈性的作用，泉溫最高為攝氏 45 度左右。「久安之湯」及「泉響之湯」是兩個主要的大浴場，另設可供私人使用的貸切風呂。浴場連帶浴池皆採櫸木製成，天花板也很高，但沒有露天風呂，沒有戶外景色可觀賞，但我認為這樣反而能更專心地在獨具風味的櫸木大浴場內享受溫泉的療癒。

109

旅館提供用本地食材料理出的精緻美食，我還訂了一份包含青森產
原隻海膽的套餐。

「久安之湯」是本館建立時興建的，當時為
男女混浴的浴場，直到 1990 年擴建西館與改建
本館後，才改為男女交換制。目前男客於下午 1
點至 9 點使用，其餘時間則為女客的使用時間。
至於「泉響之湯」，應該是蔦溫泉的原點，據說
是日本久安 3 年（1147）便已存在的溫泉，擁有
八百多年的歷史。當時只是簡陋的湯治小屋（溫
泉小屋），直到 1897 年才被納入籌建蔦溫泉本館
的範圍內。這座浴場以櫸木木板相隔出男女兩邊，
各自從不同入口進入。「久安之湯」的起名自然
與久安 3 年的「久安」有關；「泉響之湯」則與
日本文豪井上靖有關，據說他在泡湯時，體驗到

我特別喜歡本館的公共空間，可以在這裡閒坐，一邊享受迎面而來
的微風，一邊靜靜地看著充滿生機的庭園。

1 | 採男女輪流制的久安之湯，無色透明的泉水從浴池底部直接湧出，與泉響之湯相同。看到水面正在浮動嗎？這代表客人享受的是最新鮮的溫泉。（蔦溫泉旅館／提供）

2-3 | 泉響之湯採男女分浴制，浴池中間以欅木木板相隔屏蔽。（蔦溫泉旅館／提供）

4 | 久安之湯的入口。

5 | 旅館的浴巾。

我走過樹林，探訪蔦沼。

水聲流動猶如風吹與流泉的悅耳聲響，因而讚嘆「泉響颯颯」，因此稱此地為「泉響之湯」。

一人獨擁盛夏蔦沼的寧靜

　　入住期間，我在黃昏及清晨時分都會到蔦沼散步，途中遇見的人大多是旅館旅客。旅館前方有一大片池塘和庭園，走上庭園旁的走道後便可見到「沼遊步小路入口」的指示牌，坐 JR 東北巴士在此下車的旅客也會從這裡進入蔦沼。

　　我依著步道往前走，入口處的右側木屋是蔦溫泉遊客中心，提供蔦沼的各種相關資訊。再走數分鐘便輕鬆地來到蔦沼，只見盛夏的蔦沼後方是一整片深邃、翠綠的森林，即使無緣與蔦沼朝燒相遇，但這片沉穩的深綠大地也足以安撫我的心靈。來訪蔦沼的兩回，我都是這樣靜靜地坐在湖邊，凝望湖中的倒影，獨自擁有這份蔦沼的寧靜——這就是在淡季旅遊的珍貴之處。🍎

蔦溫泉旅館｜tsutaonsen.com

後方的山地，在盛夏時以一大片蓊鬱的深綠
包圍蔦沼。

我靜靜地在湖邊散步，獨享一整片寧靜的盛
夏蔦沼。

113

比翼飛舞於
湖上的仙鶴

青森的近郊之旅

鶴之舞橋　　富士見湖公園　　弘前城雪燈籠祭

弘前城天守

相信不少熱愛日本旅行的常客也跟我一樣，總會邂逅一些情有獨鍾的地方，並懷著「希望能走遍這地方每一個特色景點」的心情，一次又一次地到訪當地、規劃新路線。以我為例，關東、福井、長野、新潟與青森，都是願意一去再去的地方。除了歷久不衰的經典景點外，也會刻意預留時間，專訪被譽為新興祕境的景點；而這一回造訪的鶴之舞橋，正是青森的新興祕境。

自然人文交相映的祕境「鶴之舞橋」

　　鶴之舞橋在 1994 年完工，並不是什麼充滿歷史感的舊建築物，但最大的特色是它動用了數以百計、樹齡超過 150 年的青森檜木建造，全長 300 公尺的全木橋身連接了津輕富士見湖兩岸，為日本最長的木造三連太鼓橋（半圓形拱橋）。鶴之舞橋之所以成為新興祕境，起因於 2016 年 JR 東日本「大人の休日倶楽部」的廣告，由日本資深演員吉永小百合主演。橋身映照在湖面上的姿態纖細優美，再與遠處的青森最高峰岩木山相映，形成一幅夢幻美景。鶴之舞橋在電視上亮相後，從此在日本各地打開知名度。這則廣告名稱叫「津輕の逆さ富士」，在網上輸入相關字句便可找到。津輕地方是青森縣西部地區，江戶時代由津輕氏統治，青森市與弘前市都是該區的主要城市。

1 ｜ 鶴田町是一座人口約 13,000 人的小城鎮。陸奧鶴田站的屋頂是以鶴為形象來設計的，令人印象深刻。

2-4 ｜ 除了屋頂外，車站內外的裝潢、橋上欄竿的裝飾、郵筒、計程車車身等，都是與鶴相關的裝飾，連電車到站時也會播放鶴的叫聲。

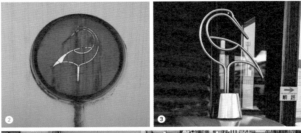

推薦的 JR 列車班次

特別提醒，青森站與陸奧鶴田站的往返班次並不多，大約兩小時才有一班，所以一開始就必須規劃好去、回程的班次。去程方面，我搭中午 12:14 開出的 JR 班次，下車時間是 13:17。回程方面，入夜前有兩個選擇：「14:40-16:25」與「16:53-18:22」。顯然後者是時間比較充裕的選擇，可以讓我玩三小時。

鶴之舞橋坐落於青森縣鶴田町近郊，據說這個約有 13,000 人生活的小鎮，在江戶時代曾棲息著許多丹頂鶴，所以小鎮以「鶴」命名。既稱為「祕境」，也許會讓人以為交通不便，但並不難。以從 JR 青森站出發為例，旅客可先坐 JR 奧羽本線，並於川部站轉搭 JR 五能線，最後在 JR 陸奧鶴田站下車，全程一小時左右。

接著，需轉乘計程車，因為沒有巴士可到達；基本上，計程車會依 JR 的班次來到車站外等客，並不難等。我告知司機目的地後，他馬上給我一份鶴之舞橋的官方地圖，而上面建議的交通資訊也只有計程車的方式，並提供數家計程車公司的電話。6 公里左右的車程需時約 10 分鐘，價錢約 2,500 日圓。下車前，我與司機預定回程時間，請他 4 點半來接我。

我是在淡季的 2 月到訪的，遊客並不多。計程車載我來到位於湖畔的富士見湖公園，這裡有鶴之舞橋觀光中心，裡面販賣簡餐及伴手禮，寄物櫃、洗手間等也一應俱全。遊覽鶴之舞橋比較簡單，三小時十分充裕，所以我打算預留時間在此喝下午茶、買些土產，並整理旅遊筆記。於是，把背包放進寄物櫃後，我便輕鬆出發了——當時料想不到，後來發生了意外小插曲……

鶴之舞橋觀光中心，可寄存行李，也能買些伴手禮。

鶴之舞橋的維修期程

特別提醒，鶴之舞橋正在進行維修工程，工程分為三期，分別是「2023年9月至2024年3月底」、「2024年9月至2025年3月底」及「2025年9月至2026年3月底」，皆集中於旅遊淡季施工，所以夏天來訪的旅客可以如常登橋。而我來訪之前，也已在官網知悉鶴之舞橋正在維修，旅人無法登橋，司機也有提前告知。

借用青森群山構圖的三大打卡點

津輕富士見湖本身並不是天然湖泊，其正式名稱為「迴堰大溜池」。1660年，當時的藩主為開墾新稻田，便在此築壩作為灌溉用的蓄水池，經過多次闢建、尤其是1960年的工程，才發展成今日的規模。占地面積超過12公頃的富士見湖公園，園內設有戶和田神社、白衣觀音堂、野餐廣場、烤肉區、兒童遊樂設施等，看來本地人也很喜歡來這裡享受愉快的郊遊時光。但冬季時，大部分的設施都會被厚雪掩蓋。

我們到訪的當天，津輕富士見湖周邊覆滿厚厚的白雪。

站在第一個打卡點的視角所拍攝與繪製的作品。

雖然我眼前只有一條通往橋頭的路可走，但仍可讓我逐一前往官方推薦、觀賞鶴之舞橋周邊自然環境的三處打卡點。第一個打卡點在我剛剛路過的湖畔步道上，只要不走近橋，拉遠一點距離，便可盡收鶴之舞橋全貌，以及位於五所川原市與青森市之間的梵珠山，因為鶴之舞橋位於津輕平原的正中央，稍微移動方位就能借用青森縣的群山來構圖，拍出優美的照片。

　　第二個打卡點是計程車即將抵達公園時經過的，也就是位於公園入口前方、一段建在湖畔堤防上的馬路。我離開公園，走到西邊的堤防上，這裡可以用完整的視野捕捉到鶴之舞橋的正側面——三座各為 100 公尺的拱橋，以及兩座佇立於橋與橋之間的亭子。兩座亭子以雄鶴頭、雌鶴頭為設計，從遠方（尤其是在堤防上）眺望，可看到一對仙鶴交疊雙翅、飛舞於湖面上的模樣。至於搭配這個打卡點的山，是八甲田群山。

　　第三個打卡點則位於北岸範圍，因此我從堤防上繼續前行是順路的，那邊有一家只在夏季營業的旅館，以及丹頂鶴自然公園（可免費參觀）。

藍天白雲下的鶴之舞橋全景。（攝於第二個打卡點）

此打卡點所拍攝到的角度，正是觀光宣傳海報最常使用的照片，可捕捉到鶴之舞橋與後方的岩木山。標高 1,625 公尺的岩木山，屬於複式火山（由多層火山灰堆積形成），從津輕平原的任何地方都可眺望到這座青森最高峰。由於其圓錐形的輪廓相當優美，與富士山神似，所以又被稱為「津輕富士」。至於另外兩處打卡點可以拍攝到的梵珠山與八甲田群山，在這裡拍其實會比較遠。

下午，岩木山被雲霧籠罩，雖然只見部分身影，但能夠在這趟冬日祕境之旅觀賞到四周被雪覆蓋的夢幻景色，我也已心滿意足。也許下次可選在早上抵達，在晴空下欣賞鶴之舞橋與岩木山的全貌。

左頁圖 │
此處是第二個打卡點，可完整眺望鶴之舞橋的正側面。
左側較大的亭子為雄鶴，右側為雌鶴。

右圖 │
綿長的鶴之舞橋，橋身採用的木材全產自青森縣當地。
（攝於第三個打卡點）

以北岸範圍的第三處打卡點為視角所繪製的作品。

雖然只能隱約看到岩木山的部分山體，但並不覺得可惜，仍非常享受當下的景色。這時，陽光正好從山頂上方穿雲而過，遍灑大地——感覺真好。

小插曲：真的很不好意思，先生！

至於一開始提到的小插曲是什麼呢？就是正當我打算返回觀光中心，享用下午茶、買點伴手禮時，竟驚訝地發現：整座觀光中心都沒有亮燈，窗簾也拉下了！

原來冬天的營運時間比較短，下午 2 點半即打烊，入口處也貼有公告，我卻沒有留意到。這時已經下午 3 點半，還能進去取回背包嗎？我很擔心。幸好，這一排寄物櫃位於觀光中心裡的獨立空間，我仍可進入。

就在這時，有一位職員從裡面走出來，看了看我，點頭微笑了一下，然後又一言不發地折回去。感到不解的我，隨後目睹他駕車離開，瞬間恍然大悟。

我的猜測雖無法求證，但應該八九不離十——這位男職員理應在一個小時前就要下班了，但發現有旅客的東西仍在寄物櫃之內，所以一直守候到我回來為止，他才安心下班。我望著他的車子離去，深深感到抱歉。

接下來，整個公園只剩下我一個人，我在冷風與微雨交織的荒野中等候計程車，體溫逐漸下降……結果計程車沒有「準時」，而是「提早 15 分鐘」來接我！我心中對司機先生的體貼感激涕零。

到了車站後，搭上 16:53 這班火車的我有兩個選擇：第一個是在川部站轉車，18:22 返抵青森，結束當天的旅程。第二是不轉車，直接去弘前站，到站時間是 17:37。我選擇後者，因為我早已打算去弘前市，繼續另一趟旅程。

川部站的稻田藝術

如果是選在夏季前往青森旅遊，推薦一個介於鶴之舞橋與弘前市之間的「川部站」行程，這是一處以「稻田藝術」聞名的特殊景點。所謂的稻田藝術，就是把稻田當作畫布，在田中種植不同顏色的稻子，來創作出圖案或文字；之所以說是特殊景點，是因為每年旅客看到的「作品」都不同。從川部出發前往的田舍館村（或者在弘前市搭乘期間限定的專車），正是稻田藝術的發源地，也是至今全日本最知名的稻田藝術集中地。

雖然活動長達整個夏天，但稻田藝術的獨特在於時效性，因為「畫作」的顏色會隨著稻米的成熟度有所變化，最佳的欣賞時間通常是 7 月中旬至 8 月中旬。若選擇盛夏到訪青森，可考慮把鶴之舞橋與稻田藝術串在一起玩。

左頁圖｜
川部站月台的稻田藝術插畫。順帶一提，左邊是「五能線終點站」的牌子，觀光列車五能線「Resort 白神號」會途經本站。

右圖｜
我首次造訪弘前市，是為了夏天的弘前睡魔祭，此行欣賞到非常壯觀的大燈籠。

即時趕上的弘前城雪燈籠祭

如果不走其他景點，從青森直接來到弘前，一小時之內就可抵達，相當方便，我首次造訪弘前市是為了夏天的弘前睡魔祭，當時也是一天往返青森與弘前。而這次，我在傍晚時分來到弘前，此時弘前城雪燈籠祭已經亮起了燈，格外有氣氛。

弘前城雪燈籠祭是一個只有四天的雪祭，固定在每年 2 月 11 日的「建國紀念之日」（建国記念の日）期間舉行。2024 年我到訪時的雪祭是 2 月 9 日到 12 日，由於 2 月 11 日剛好是週日，2 月 12 日順勢也納入假期；我因此有緣參加了最後一天的雪祭，能夠把鶴之舞橋與雪祭安排在同一

天，對我而言是旅行的小確幸。說實在，動用大量人力與金錢辦一場規模那麼大的雪祭，我不太明白為什麼只有四天這麼短？我很好奇，但尚未找到答案。

我在站前搭乘市區循環巴士，大約 12 分鐘後在「市役所前公園入口」下車，徒步一小段路，便來到弘前公園。參觀雪祭的行程比較輕鬆，只要充分地感受青森縣冬日的慶典氣氛即可。我欣賞了一百多座大大小小的雪燈籠、雪雕、迷你雪屋，以及具地方特色的津輕錦繪大迴廊，展示曾於弘前睡魔祭出場的津輕錦畫（這部分特別勾起自己昔日參觀弘前睡魔祭的回憶）。這時其實才下午 5 點多，天已經掛上深深的黑幕，我凝望雪地裡無數的燭光，閃呀閃呀，讓人感受到一股從心底暖起的的幸福感。

一路逛著，我來到整座公園最大的亮點，即「弘前城天守」。弘前城留存至今的建築，包括：天守閣、五座城門、矗立在古城一角的三座隅櫓

1 ｜夜幕下的弘前城天守。
2 ｜弘前城雪燈籠祭的迷你雪屋，超過一百個散布在護城河畔的小路上，亮燈後很有氣氛。

從天守的展望台上眺望出去的迷人夜景。

建築，都被列為國家重要文化財。其中弘前城本丸唯一現存的建築，是層塔型三重三層的天守；隨著松前城天守在 1949 年燒毀後，弘前城天守成為日本最北端的現存天守。

在夜幕完全掛起前，我來到這座古老的天守後方的展望台上，在依稀的天光中，仍可觀賞到護城河、迷你雪屋、房屋與岩木山等景致的輪廓，令人感受到悠遠而迷人的氛圍，這幕弘前城夜景印記，相信我會永生難忘。

NOTE

天守閣的十年限定美景

2015 年，為了整修石牆，弘前城天守被拖曳移動到本丸的內側（天守本身是獨立式建築）。因此，在這段整修石牆期間，旅客有機會見到岩木山與弘前城天守同框的畫面。加上弘前公園享有「日本三大賞櫻名勝」的美譽，這裡種植了染井吉野櫻、垂枝櫻、八重櫻等 50 多種、總數達 2,600 棵櫻花，而櫻花散落在護城河上所形成的漂亮「花筏」，也遠近馳名。這幅「天守閣、櫻花、岩木山」同框的十年限定美景，等到石牆維修工程於 2025 年大功告成後就會消失，因為天守將移回原本的位置。毫無疑問，這幅珍貴的同框美景已進入最後倒數階段，千萬別錯過。

天守原本位於城牆的位置，以及後來平移的路線圖。

information

富士見湖公園｜ www.medetai-tsuruta.jp
弘前城公園｜ www.hirosakipark.com
田舍館村｜ www.vill.inakadate.lg.jp

弘前櫻花祭於每年 4 月下旬至 5 月上旬舉辦，天守閣、
櫻花、岩木山同框的美景切勿錯過。

走入
夢幻繽紛藝境

青森的美術館之旅

青森縣立美術館　　十和田市現代美術館

青森縣堪稱為「藝術縣」，擁有五座各
具特色的公立美術館，包括：青森縣
立美術館、青森公立大學國際藝術中心、弘
前紅磚倉庫美術館、十和田市現代美術館，
以及於 2021 年開館的八戶市美術館。每一棟
美術館外觀皆如巨型藝術作品，還沒走入館
內，旅人便已嘆為觀止。

近年，五館儼然已集結成一股「青森特色」的藝術魅力，定期推出聯館的大型活動。如我此刻執筆時，剛公布的「AOMORI GOKAN」合作專案，我十分期待這一系列的聯合活動，說不定下一趟青森縣之旅可以列入行程中。

對於大部分到訪青森縣的海外旅客來說，無論是名氣或藏品，青森縣立美術館與十和田市現代美術館應該都是最具吸引力的。不過，它們在地理上並不是鄰居，一天內遊訪兩地的規劃應該很罕見。因此，我用「奧入瀨溪流與十和田湖之旅」來串連這兩座美術館，別出心裁地規劃出一條包含青森縣的大自然與藝術的豐富旅程。注意，這是一趟不走回頭路的旅程：以青森為起點，先參訪青森縣立美術館，再搭乘由青森站開出的 JR

這次終於一償宿願，在冬季的雪白世界中再遇青森縣立美術館，這座白色美術館果然與四周景物完全融為一體。

131

INFO

青森縣立美術館交通方式

青森縣立美術館位於世界文化遺產「三內丸山繩文遺跡」附近。交通很方便，在 JR 青森站前搭 6 號公車，車程約 20 分鐘；而 JR 新青森站前有循環巴士可搭，車程只需 10 分鐘。如果錯過巴士或想善用時間而改搭計程車，車資約 1,500 至 1,800 日圓。

東北巴士前往奧入瀨溪流健行；然後到十和田湖遊覽，之後再搭八戶線前往十和田市現代美術館參訪。建議至少預留兩天一夜以上的安排，比較從容；行程反過來，同樣可行。

在銀白世界中再訪白色美術館

由建築大師青木淳所設計的青森縣立美術館，外觀呼應了從 1992 年開始挖掘的「三內丸山繩文遺跡」，為地下兩層、地上兩層的白色凹凸構造體，宛如遺跡發掘現場的覆蓋物一樣，將美術館與三內丸山遺跡融為一體。

我首次到訪是多年前的夏天，這回則改為冬天再訪。有別於夏天，這座簡約的白色建築物在一片白雪的掩蓋下，與地景完全融為一體，很像在板狀巧克力上放著白色方糖一般，美得不得了。

1 ｜往美術館的觀光巴士。

2 ｜如何前往美術館的交通資訊。淺綠框是觀光巴士，一天 5 班，在東口上車。深綠框是計程車費用。

3 ｜去程時，我剛好搭到觀光巴士。但因為不想受限於觀光巴士的班次而壓縮自己的參觀時間，所以我回程改搭 Uber，收費跟計程車相近。美術館外也有不少計程車在排班。

青森縣立美術館入口。
圖右是美術館專屬的樹木標誌。

美術館的平面視覺設計由平面設計大師菊地敦己操刀，入口處的白牆上有一整排簡約的樹木標誌，是我最喜歡的設計元素之一，簡潔有力，又能突顯自我風格，傳遞著青森縣擁有日本最大森林群的訊息。點燈後，視覺效果更鮮明。

巧遇國寶藝術家奈良美智個展

入口處的另一邊，懸掛著期間限定展覽的巨幅海報，只見旅客正在排隊拍照。仔細一看，不禁讚嘆何其幸運！這一趟竟給我遇上了，日本國寶級藝術家奈良美智睽違十年後、再度回到青森縣立美術館舉辦的大型個展「The Beginning Place」。雖然半年前，我已知道有這場特展，但這次能夠偶然地即時趕上展覽尾聲，心情真的特別興奮。

多年前首次到訪，是為了觀賞奈良美智的白色青森犬，當時已在心中埋下深刻的回憶；這次再遇，同樣感受到當年的滿足與愉悅。

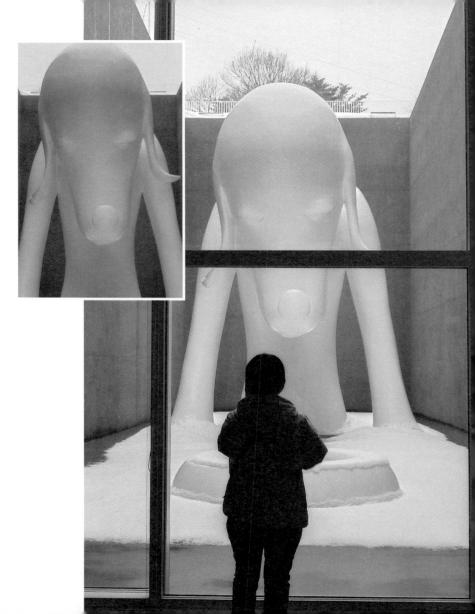

奈良美智為這場個展創作的最新作品《Midnight Tears》，備受矚目。

　　這尊高達 8.5 公尺、巨大的白色青森犬，既溫柔可愛又神祕莫測的表情，長久以來一直吸引著無數遊客爭相目睹；即使許多人不曾親眼看過它，至少都看過照片。青森犬不只是美術館的鎮館之寶，它的存在更為這座本身就已令人驚嘆不止的空間帶來決定性的魅力。

　　由於奈良美智是青森縣弘前人，而此館從開館至今已累積收藏他的作品達 170 多件，因此「青森縣立美術館就是奈良美智的主場」、「青森縣立美術館＝奈良美智」這樣的說法不脛而走。而這次的個展重點之最，自然是奈良美智專為本展而創作的最新作品《Midnight Tears》，以及先前特別為台灣創作的《朦朧潮濕的一天》（*Hazy Humid Day*）。我與畫作中的那位女孩對望著，一瞬間彷彿與「她」建立了某個聯繫，似有還無地想起一些人、一些事，不禁淡淡地興起某些幽微的感觸⋯⋯

奈良美智為台灣而創作的《朦朧潮濕的一天》。

多達 170 多件奈良美智藏品的青森縣立美術館，是奈良美智的主場。

在白雪的掩蓋下，線條簡約的美術館建築更宛如與地景融為一體。

當然，當這本書面世時，這場個展早已落幕，但青森縣立美術館的常設展覽依然充滿著強大的吸引力，比如位於本館中心的「Aleko Hall」，19公尺高的四層樓挑高大廳中，在牆上展出20世紀以「色彩魔術師」著稱的猶太裔白俄羅斯畫家馬克・夏卡爾（Marc Chagall, 1887-1985）為芭蕾舞劇《阿雷可》（Aleko）創作的舞台背景畫作，作品規模之大，令人驚豔。另外，常設展區還有一棟小屋，完美重現奈良美智的工作室，不禁讚嘆——這座美術館果然就是奈良美智的主場！

圖右是奈良美智展覽的場刊，我帶回家珍藏。圖左是《奈良美智：始於空無一物的世界》（繁體中文版），是旅程結束後我在台灣書店買的，視為參訪青森縣立美術館的延續。

我在日本各地探訪過多家美術館，常常有種像在挖掘寶藏的美好體驗，作品都被巧妙地藏在館內的某個深處，訪客必須歷經左拐右彎、上上下下的尋覓才能觀賞到它，青森縣立美術館給我的正是這樣的體驗。至於十和田市現代美術館，更是把這類體驗極致地擴至館外的範圍，訪客根本還不用買票，就可以先到展館對面的藝術廣場去挖寶了。

不分裡外，藝術品俯拾即是

那天早上，我離開十和田湖飯店，搭乘開往八戶站的 JR 東北巴士，來到這座由一個個高低不等的白色立方體組合而成的十和田市現代美術館。這座美術館於 2008 年落成，由建築大師西澤立衛負責操刀，石川縣的金澤 21 世紀美術館、香川縣的豐島美術館、輕井澤的千住博美術館也都出自他手。

以占地面積來說，青森縣立美術館是大型展館，而十和田市現代美術館屬於中型，但此館的

藝術穿透力非常突出，因為美術館所在的官廳街通上，散布著不少館外作品，作品的精彩度絕不亞於館內展品。這使得人們可以不受時間限制，隨時親近藝術，並把繽紛創意的幻想帶入街道及社區。

對於平日甚少接觸藝術或帶著小朋友的旅客來說，他們應該會更喜歡這座色彩繽紛、充滿奇幻元素的遊樂場。永久藏品是本館最大的亮點，以下我挑選幾件自己特別喜歡的作品來介紹：

由多個高低不等的白色立方體組合而成的十和田市現代美術館，被彩色花朵覆蓋住的花馬，在前方精神奕奕地迎接每一位訪客。

美術館對面的藝術館廣場，充滿了歡樂元素的草間彌生作品。我敢肯定小朋友特別喜歡這系列的作品，玩到流連忘返、不願離開。

館外 ｜ 繽紛之作
《Flower Horse》

　　展館有幾件作品展現出精彩的色彩表現力，令人眼睛發亮。一下車，即可見到韓國藝術家崔正化的作品《Flower Horse》；高 5.5 公尺的花馬，以四季為意象的彩色花朵覆蓋住馬身，馬匹昂揚著身軀，不管從哪個角度觀賞都有著滿滿的生命力，好像隨時準備飛奔一樣。為什麼會以「馬」來肩負「迎賓」的重要任務？這與十和田市的歷史有關──原來昔日這裡是軍馬的養育與補充重鎮，所以當地人才會暱稱這條街為「駒街道」。

館外 ｜ 繽紛之作
《Love Forever, Singing in Towada》

　　辨識度很高的草間彌生大南瓜，作品的正式名稱叫《Love Forever, Singing in Towada》。幾乎每個小孩子一看到這顆大南瓜都會玩得不亦樂乎！大南瓜裡面可以進去，感覺就像小時候我們曾經擁有過的「祕密基地」一樣。而除了大南瓜外，在美術館對面的藝術廣場上還有小女孩、小狗、香菇等八座雕像群，「她們」都在唱歌，把歡樂、純真、可愛送給十和田市與每一位造訪者。

《Zobop》

　　一踏進館內大廳，還未買門票就已先在地板上觀賞到第一件館內的藝術品——《Zobop》。蘇格蘭藝術家吉姆·蘭比（Jim Lambie）將大量彩色的線條膠帶貼在地板上，色彩繽紛、寬度相異的膠帶讓人在視覺上體驗到綿延不絕的特殊空間感。站在地板上的任何位置，都可以拍到色彩感強烈的照片。

進入美術館見到的第一件作品，跟外面的《Flower Horse》一樣色彩繽紛。

《無題》

　　美術館咖啡廳的地板圖案也是一件藝術作品。這件沒有命名的作品，來自出生於日本的台灣藝術家林明弘。花紋拼貼圖案如地毯般地布滿整個空間的地板，細看之下有些像台灣人熟悉的客家花布。其實作品的靈感源自十和田市的傳統工藝「南部裂織」，這是一種把舊布料撕碎後再重新編織的工藝。

位於咖啡廳的《無題》，其觀賞重點是地板上的花紋拼貼圖案。
也可透過一旁高大的落地窗，觀賞一年四季不同的景色。

館外｜巨大之作

《aTTA》

　　美術館前方還有一件巨大的作品同樣惹眼。有別於迎賓的《Flower Horse》，這隻火紅的巨大螞蟻《aTTA》展現出不同的氣勢——細長的腿強而有力地抓住地面，尖銳的下巴和上揚的複眼彷彿盯著每一位觀賞者。作品出自日本藝術家椿昇之手，以哥斯大黎加發現的切葉蟻為創作主題，藉此傳達人類過度掠奪地球資源所造成的嚴重後果。

《aTTA》令我聯想到日本特攝片的怪獸，你有同感嗎？

館內｜巨大之作

《Standing Woman》

　　購票進場後看到的第一件作品，是館內知名度非常高的《Standing Woman》，與館外的《Flower Horse》並駕齊驅，成為美術館的兩大象徵作品，經常出現在文宣廣告上。這位將近 4 公尺高的巨大婦人雕像，由擅長表現衰老或孤獨主題的澳大利亞雕塑家讓·穆克（Ron Mueck）創作，不論是皺紋、鬆弛的皮膚、清晰可見的血管，還是根根分明的頭髮，全都逼真還原婦人衰老的形象，即使你已有心理準備仍會被嚇一跳，因為她太真實、太有威嚇感了。若站在不同的角度觀看，表情也會有不同的變化。我還到婦人身後特地觀察她的手，連手臂上的細紋都展現得栩栩如生。

右頁圖｜

無論是神態、衣服、毛髮、血管等細節，皆極致地呈現出來，令人嘆為觀止。且繞一圈、從不同角度觀看，「她」的表情不但有變化，更會一直盯著你！

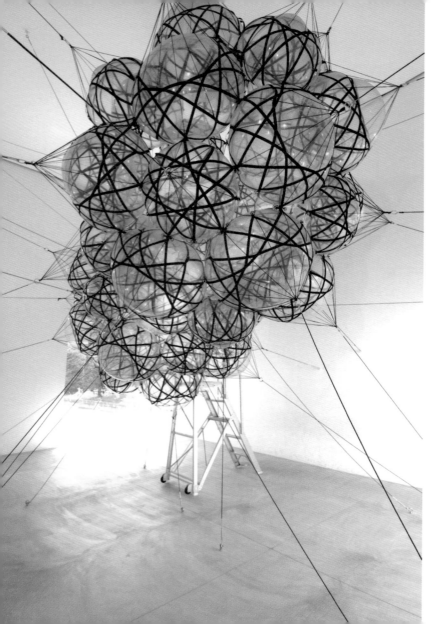

《Air-Port-City》

　　阿根廷的藝術家湯瑪斯·薩拉塞諾（Tomás Saraceno）運用大量透明的氣球繩網拴綁在半空中，感覺就像天空中的雲朵。藝術家在勾畫人類的未來世界的同時，也在象徵著這座空中城市將如雲一般，擺脫國家、領土的概念。

《Cause and Effect》

　　這也是館內另一件相當大型的作品，高約 9 公尺，展示於場內最高的展覽廳，由韓國藝術家徐道獲操刀。遠看，像是散發著浪漫氣氛的彩色水晶燈，走近細看才發現，從天花板上垂吊而下的，是由無數個樹脂人型雕塑堆疊而成的有趣作品。作品標題的意思是「因與果」，介紹寫著藝術家的用意是提醒：「無形的牽絆把我們的生活和他人連繫起來……」但我認為其中的紅色可視為血的流動，數不盡的小人偶象徵著人的生死與一生，更有著因果輪迴的寓意。

象徵未來世界的《Air-Port-City》。

由無數個人型雕塑堆疊成的《Cause and Effect》。

《Sumpf Land》

這是由日本藝術家栗林隆創作的有趣互動作品。在房間擺放一組白色家具，天花板有一個人頭大小的洞，人們可以脫鞋子、站在椅子上，窺看洞內的世界。作品想告訴我們，嘗試跨越兩個世界的邊界，或許會遇見從未見過的東西。究竟可以看到什麼？從作品標題是德語的「沼澤地」即可猜到一二，我自己看到的是 —— 飄渺的白煙、水流與植物，充滿濕地感的奇幻意象。

又見奈良美智的招牌女孩

巡禮完館內外精彩的藝術品後，我們在美術館的側牆上竟又遇見了熟悉的小女孩——奈良美智的巨幅壁畫《Yoroshiku Girl 2012》（「Yoroshiku」是多多指教的意思）；只見緊抿著嘴唇的小女孩，似乎在微笑，也像在思考。這是 2012 年奈良美智在本館舉辦的個展「在藍色森林裡的小小屋」所展出的重點作品之一，以 10 公尺高的外牆作為畫

脫鞋子、爬上去，把《Sumpf Land》一探究竟。

布，展覽完後成為常設展品。除了可以在館外跟小女孩合照，我更喜歡到館內的二樓，俯瞰她與十和田市同框的美麗畫面。

如果你想尋找奈良美智在青森縣的其餘作品，那就要前往一開始提到的弘前紅磚倉庫美術館。2006 年，他在家鄉弘前市舉辦展覽，當時就在倉庫前擺放巨型狗狗雕塑，展覽結束後也順理成章地變成該館的常設展品。

無論是哪家美術館，也不分館內、館外，甚至是建築物本身，都是一種藝術的表達，讓我充分感受到：青森此地的美學是真正地融入到當地人的生活及視野中。我相信自己很快又會在不同的季節裡再度造訪它們。🍎

information

青森縣立美術館｜www.aomori-museum.jp
十和田市現代美術館｜towadaartcenter.com
弘前紅磚倉庫美術館｜www.hirosaki-moca.jp

我們在美術館的側牆上，竟又遇見她——
奈良美智的巨幅壁畫《Yoroshiku Girl 2012》。

整座城市
都是蘋果派

青森蘋果王國

青森蘋果農場　　邊走邊吃！蘋果派導覽地圖　　弘前市蘋果公園

前面帶大家旅遊了青森縣很多經典與祕
境的地方，但還有一樣青森縣名物沒
有說到——當然就是青森蘋果！十多年前，
有一回我準備從成田機場搭機返港，辦好登
機手續後，因為還有一些時間，就逛了逛伴
手禮店，赫然發現店內販賣了期間限定的青
森蘋果，每一顆都碩大無比、獨立包裝，並
以防撞力極高的透明塑膠盒保護，明顯是方
便旅客帶回自己的國家享用。

價格我已經不記得，但介紹牌上寫著：「青森蘋果：世界一」，至今仍讓我印象深刻，也成為我日後探索青森縣的契機。（對了，新鮮水果在台灣無法入關，但香港可以。）

日本第一的蘋果王國

青森蘋果其實只是一個統稱，實際上它包含哪些品種呢？話說全世界的蘋果品種共有 15,000 種，日本全國有 2,000 種，而青森縣則有 50 多種。以品種的數量來說，青森縣不算突出，但在產量方面卻是全國第一，占整體近六成。原因包括氣候涼爽、降雨量低、晝夜溫差大等基本因素，再加上青森岩木山為栽種蘋果的農地阻擋了來自西北的海風，過往多次噴發時帶來的火山灰也為土壤增添礦物質，使得青森蘋果擁有特別豐富的養分，造就青森縣成為「日本第一的蘋果王國」。順道一提，長野縣及岩手縣是產量次之的地區。

青森縣的蘋果農場星羅棋布，尤以津輕地區的數量最多，舉凡標示「津輕」的蘋果通常都是

NOTE

重量級蘋果：世界一

世界一的平均重量達到 500 公克，所以在 1971 年發表時，就號稱是「世界最大的蘋果品種」，故被命名為「世界一」。其果肉偏硬、結實，多汁且酸度較低，是極受歡迎的送禮之選（我相信任何人收到這麼大顆的蘋果都會很高興）。當然，還有更大的品種，同樣來自青森縣，並入選金氏世界紀錄，不過我覺得太巨大的蘋果好像有點偏離正常範圍，世界一已經很理想了。

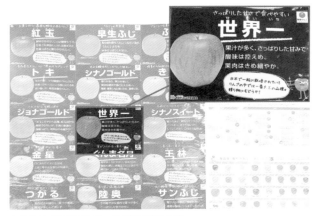

有關青森蘋果與世界一品種的詳細介紹。

① 在奧入瀨溪流館的甜品區，我點了兩款不同特色的手工蘋果甜點。

② 除了蘋果派，旅客也可購買玻璃瓶裝的蘋果汁，適合當伴手禮送人。

③ 期間限定的蘋果甜點採用當季蘋果製作，圖為紅玉蘋果派。

我的首選。津輕地區降雪量大，當地果農習慣從開始下雪的冬季展開剪枝作業，翌年年中施肥，再到秋季來收成，10月中旬以後採收到的蘋果都被稱為「中生品種」。世界一、紅玉、陸奧、土岐都是青森品種。

100％蘋果製作的蘋果汁

除了新鮮的蘋果外，最讓我愛不釋手的，還有青森出品的蘋果汁。日本的超商或販賣機都有不少蘋果汁，但大多為濃縮還原汁，或是加入抗氧化劑的果汁，只有「acure」品牌的「青森蘋果系列」敢標榜「100％蘋果」製作，從其產品的包裝標籤上看到「原料：蘋果」的字樣就知道有多純粹。

每年產季都會有不少在採收前遭到冰雹打

「青森蘋果系列」的自動販賣機，販售包括富士、王林、津輕及綜合口味的蘋果汁。我手上的是津輕口味。

蘋果界國王：王林

「早生品種」是指 9 月中旬以後採收的蘋果，黃色蘋果之王「黃王」就是此品種的佼佼者，其果肉偏硬但多汁，且甜中帶酸。「晚生品種」則是在 11 月初開始採收，其中我們較為熟悉的就是黃綠色外皮的「王林」，此名有「蘋果界的國王」的含意。全日本都有栽種，並非青森縣的專屬品種，但青森出產的最富蘋果香氣，其果肉綿密偏硬、香甜多汁，幾乎不帶酸味，最為特別的是，成熟時會出現被稱為「果點」的褐色斑點。

傷、或外觀不漂亮而無法出貨的蘋果，acure 就是使用這些外表有些缺憾、但味道依然可口的蘋果，並運用「密閉榨汁製程」的獨家技術，製成「青森蘋果系列」的瓶裝果汁。這項技術可以將果汁直接注入罐內，不讓果汁接觸到空氣，完整封存蘋果汁的色香味。

青森站內有兩、三部專門販售「青森蘋果系列」的自動販賣機，蘋果品種包括富士、王林、

津輕及綜合口味（實際上還有很多種口味），住在青森的那幾天，我每次走過這部販賣機都會買個一、兩瓶來喝。雖然旅程中無法吃到各式種類的蘋果，但一瓶果汁喝下去，就等同吃下一個品種的蘋果，

也算相當划算。而且仔細品嘗後，一定會發現酸味、甜度都各有千秋。

蘋果派是青森的驕傲

　　除了蘋果汁外，蘋果派絕對是蘋果製品中的王道。只見青森縣內的蛋糕店、麵包店、餐廳、咖啡廳等，都各自推出自家製的蘋果派，而弘前觀光中心更推出「邊走邊吃！蘋果派導覽地圖」，介紹市區內所有販售蘋果派的店鋪，從風味、甜度、酸度、口感脆度到在地人口碑推薦等，只要是有關於蘋果派的資訊，都整理得鉅細靡遺，方便旅客一手拿著地圖，一邊展開蘋果派之旅。

　　許多到青森旅遊的人，都有自己獨家的青森蘋果派行程，而我自己也先後在青森縣立美術館的餐廳、十和田市現代美術館的簡餐區、奧入瀨溪流館的甜點區、新青森車站內的甜點店，找到了上等美味的蘋果派。我想，採用新鮮優質的青森蘋果固然是關鍵因素，但更重要的是，本地的甜點師傅全都投注熱忱來研發自家的蘋果派，競

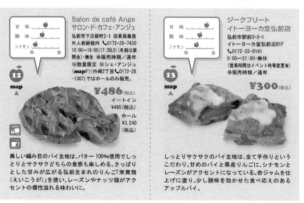

弘前觀光中心發行的「邊走邊吃！蘋果派導覽地圖」，精選出數十種的試吃心得與介紹。

我們在青森縣立美術館內的餐廳享用的手工蘋果派。

爭非常激烈，蘋果派的品質自然高於其他地方。即使是隨意走進一家連鎖式咖啡店，通常都能享用到超出預期的美味蘋果派。

弘前市蘋果公園的摘蘋果體驗

　　來青森當然要參加採收蘋果的體驗活動，可以搭配參觀弘前城的行程成為弘前一日遊，但也須留意，採蘋果是有季節限定的。旅客可在 JR 弘前站轉搭巴士，車程約 20 分鐘即可抵達「弘前市蘋果公園」；公園在每年 8 月上旬到 11 月中旬開放體驗。廣大的公園內栽種 80 多種品種、超過 2,000 棵的蘋果樹。入園本身免費，採收到的蘋果才要收費，工作人員會秤重計價，一公斤約 300 元，大概可以換得三顆蘋果，我覺得滿合理的，但親手從樹上採摘蘋果下來的過程，才是這趟難得的體驗最棒的收穫。🍎

information

青森縣蘋果對策協議會｜www.aomori-ringo.or.jp
弘前市蘋果公園｜https://www.hirosaki-kanko.
or.jp/edit.html?id=ringopark

Chapter

3

山形・岩手の
冬夏雪

別讓藏王樹冰
美景消逝

橫跨 70 年的冷杉復活計畫

山形藏王　藏王纜車　藏王溫泉旅館

目前全日本知名的三大樹冰皆位於東
北，分別是：山形藏王樹冰、青森八
甲田山樹冰和秋田吉山樹冰，其中尤以藏王
樹冰規模最大，其樹冰規模可高達 5、6 公
尺，自然也是熱門的旅遊景點，從仙台或山
形出發的一日團常是人氣行程的選擇。

東北 ＼ MAP ／

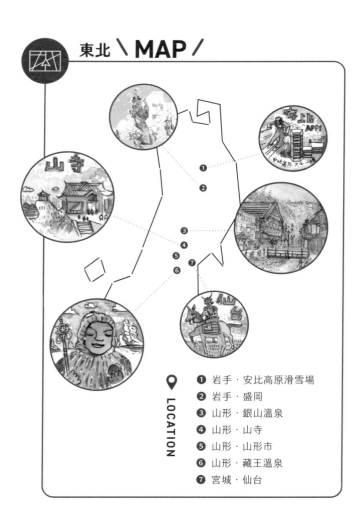

LOCATION

❶ 岩手・安比高原滑雪場
❷ 岩手・盛岡
❸ 山形・銀山溫泉
❹ 山形・山寺
❺ 山形・山形市
❻ 山形・藏王溫泉
❼ 宮城・仙台

不管是在自己的國家，還是國外，除了欣賞美景外，我們不妨也多了解一下，當地人為了維護環境而在背地裡默默付出的努力。山形縣的藏王樹冰，雖是日本最有名的樹冰景點，然而因為全球氣候暖化，它正面臨著毀滅的命運。因此，當地人已全面展開一項預計橫跨 70 年、拯救藏王樹冰的計畫。

鬼斧神工的山形藏王樹冰

「藏王」這個統稱，實際上是指跨越山形縣及宮城縣的「藏王連峰」；本身屬於長達 500 公里的奧羽山脈一部分的藏王連峰，是一片擁有多座山峰、且是活火山群的區域，其中標高 1,841 公尺的熊野岳為其主峰。因此以地域來說，又可細分為「山形藏王」與「宮城藏王」，兩地都看得到樹冰。

據說山形藏王的樹冰比較圓潤，被稱為「女性樹冰」，而宮城藏王比較粗獷，則被稱為「男性樹冰」，可謂各有其特徵。如果真要二選一的話，山形藏王往往是旅客的首選，因為當地的觀

在地藏山頂站以東約 100 公尺處的「藏王地藏尊」，看不出是一尊建於 1775 年的神像。登山客與當地居民都會特地前來參拜。「藏王地藏尊」、「藏王大黑天」、「藏王大權現」合稱「藏王三大神」，後兩座神像也坐落在小鎮裡。

NOTE

全長 500 公里是什麼概念？

　　奧羽山脈全長約 500 公里，這「500 公里」到底是什麼概念？那就是北起青森縣，經岩手縣、秋田縣、宮城縣、山形縣、福島縣，南至栃木縣，占了本州三成的廣大面積。本書出現的山峰，例如八甲田山（見 1-5）、藏王連峰（本文）、岩手山（見 3-3）等，以及國立公園如十和田八幡平國立公園、藏王國立公園，都屬於此山脈的範圍。

NOTE

樹冰成長四階段

初期・12 月底	樹木開始被寒冷的水珠覆蓋凝結，略見樹冰雛形。
成長期・1 月	樹冰逐漸形成蝦尾的形狀。
成熟期・2 月	大規模的樹冰出現，形成怪物般的體態，是最佳觀賞期。
衰退期・3 月	樹冰開始融化，等待下一個冬季的來臨。

光配套相對多元化，例如登山纜車、藏王滑雪場（可在樹冰群周邊滑雪）、夜間點燈等，都可在山形藏王體驗到。不過，宮城藏王也有自己的賣點，比如旅客可以在白天坐上「雪上車」（類似壓雪車）深入樹冰群，以不一樣的角度觀賞樹冰（山形藏王也有，但有限定日期）。

　　至於樹冰是如何形成的？以山形藏王樹冰為例，提供水蒸氣的對馬暖流、亞高山帶氣候轉冷，以及境內擁有豐富的冷杉林，是形成樹冰的三大必要條件。首先，對馬暖流是指從赤道往北、通

過對馬海峽（又稱「大韓海峽」）進入日本海的一道暖流，來自西伯利亞的西北季風接收對馬暖流帶來的大量水蒸氣後，會形成豐沛的雪雲，並在面向日本海、境內有高山足以抬升空氣的山形縣境內降下大雪；雪雲中富含即使在零度以下也不會結冰的「過冷水滴」（super cool droplets），在平均風速每小時 36 至 54 公里的強風吹拂下，大量地附著在冷杉林的枝葉上，凍結成有如蝦尾的形狀，接著再覆蓋上白雪，一層層地愈疊愈厚，最終形成令人嘆為觀止的樹冰姿態。

從地藏尊身上的積雪高度，即可看出我第一次（❶）與第二次（❷）造訪時的氣候差異。

老實說，我第一次的樹冰之旅是失敗的。那時單純為了觀賞樹冰，卻不幸遇上大風雪，雖仍可搭纜車上山，但預期的景色全部落空，只有一片白茫茫。唯一看到的只有兩百多歲的「藏王地藏尊」，其高度有 2.34 公尺，是一座用安山岩建造的地藏菩薩像。自此，我吸收教訓，舉凡類似這種大自然的奇觀行程，盡可能多安排後備計畫，減少孤注一擲的風險。

▌充滿懷舊氛圍的溫泉街

所謂的「前往山形藏王」，實際上先要前往的是「山形藏王溫泉小鎮」；藏王溫泉是一座發現於西元 110 年的古老溫泉。這座小鎮只能搭巴

士前往，其中，從 JR 山形站開出的山交巴士是最熱門的方法，每小時一班，且可在「山形站前巴士服務處」購買優惠套票（包含來回車票與藏王纜車票）。另外，還有從 JR 仙台站（一天五班）與仙台機場（需預約）開出的巴士。這三種巴士都可以抵達藏王溫泉巴士總站，車程分別是 40 分鐘、1 小時 25 分鐘及 1 小時 45 分鐘。

藏王溫泉巴士總站位於小鎮入口，該區大小旅館林立，靠近充滿懷舊氛圍的溫泉街，也鄰近幾家有名的傳統公共浴場（上湯、下湯及川原

1 ｜ 我欣賞完樹冰後，便來到這條充滿懷舊氛圍的溫泉街散步。

2 ｜ 下湯共同浴場。

藏王溫泉街的冬日景色。

酢川溫泉神社的紅色牌樓。

通往酢川溫泉神社的紅色牌樓十分醒目，旅客可以沿著石階爬上去，途中還有三座石造鳥居，最上方的終點即是神社。右邊的石階通往高見屋（❸），是小鎮上有名的傳統溫泉旅館。對比兩趟旅程的圖（❶、❷），可知積雪量的差異。

藏王纜車連結藏王連峰山腳下的「藏王山麓站」、「樹冰高原站」、「地藏山頂站」三個車站。
在最後一段車程，旅客可從車窗眺望壯觀的樹冰群全景。

湯），街道各處皆散發著硫磺蒸氣的味道。藏王纜車站則位於小鎮的另一邊，旅客可沿著主街道步行，約 15 分鐘即可抵達「藏王山麓站」。

▌在纜車上俯瞰廣闊的「樹冰原」

在山腳的藏王山麓站搭乘第一程纜車，抵達樹冰高原站後，須再換乘第二程纜車登上最後的地藏山頂站，期間可從車窗俯瞰到整座山峰的樹冰全景，稱為「樹冰原」。這座遍布冷杉林的廣闊山峰是地藏岳（標高 1,739 公尺），而最高的熊野岳則位於地藏岳的另一邊。

地藏山頂站標高 1,661 公尺，外觀看起來不太陡峭的山峰就是地藏岳山頂。我一眼望去，只見數不清的巨大樹冰密集地聳立在整個山頭上，就像身處在奇幻的異世界裡面。建議可先至纜車站

INFO

住在纜車站旁的飯店最方便

　　藏王滑雪場分為三大區域，包括上之台（北區）、中央及橫倉（南區），其他還有黑姬、大森等。我兩次造訪都是入住靠近藏王山麓站與橫倉區滑雪場的「藏王國際飯店」，旅客步行數分鐘便可搭上纜車。這座飯店對有滑雪的旅客也很方便，不但可在飯店以實惠價格租借滑雪裝備，飯店旁也有捷徑，可直接通往旁邊的雪道，在山腳處坐上吊椅，來滑相對簡單的綠線。若要滑挑戰度高的路線，則可坐纜車登上山頂，從山頂樹冰區一路向下滑，也相當過癮。順帶一提，附近也有同一集團旗下的「藏王四季飯店」，旅客可預約飯店的免費專車，在山形站接駁。

❶
❷

1 ｜ 我下榻的旅館對面，是藏王山麓站與橫倉區滑雪場。
2 ｜ 我從房間拍攝到的橫倉滑雪場的綠色雪道，箭頭處是纜車登上山頂的位置。

十分推薦搭雪上車近距離觀賞樹冰的特別夜間活動，但要提早預約。活動於12月底開始，到隔年2月底，通常都在週末及國定假期舉辦。可惜我造訪的日期是週間，錯過了。

頂樓的展望台觀賞樹冰全貌，再步行到樹冰群之間仔細觀看。每一棵樹都被厚厚的白雪覆蓋住，且在強風的吹拂下凍結成大大小小的蝦尾狀，使每棵樹看起來就像身形龐大、彷彿伸手要朝你抓來的怪人，難怪樹冰也被稱為「雪怪」。據說山形藏王的樹冰因其外型被稱為「女性樹冰」，不過當下的我實在沒有判斷的眼力，希望未來看到宮城藏王的樹冰後，能明確比較兩者的差別。

樹冰正處於危急存亡之秋

然而，全球暖化加劇，威脅著世界各地珍貴的自然奇景，日本的樹冰也難逃大劫。根據文獻記載，新潟的卷機山、富山的北飛驒、石川的白山等地區，在數十年前都曾有樹冰存在，甚至有影像佐證，可惜現在全部都沒有了。

山形藏王樹冰目前也正處於危急存亡之秋；根據山形大學環境科學榮譽教授柳澤文孝教授的調查，發現從 2010 年開始，藏王的冷杉林便受到樹木殺手「小蠹蟲」（樹皮甲蟲）侵害，被啃食後的樹木因無法承受厚雪的重量而被壓斷。這些甲蟲本來不會在高地活動，但無疑是地球暖化的關係，導致牠們往北遷移。為了拯救冷杉林，從 2019 年開始，山形森林管理署便以低地的冷杉幼樹來復育高地的冷杉生態。這個方法可行嗎？專家表示現階段仍在觀察中，因為幼樹未必能抵抗嚴寒，且即使成功移植，要恢復冷杉林原有的規模，也需要長達 70 年的漫長時間。

70 年之後，世界會是什麼樣子？沒有人知道

走在樹冰之間，巨大樹冰連綿不絕，非常壯麗。

答案。但無論如何，都要開始行動，讓「復活藏王冷杉林的跨世代計畫」持續執行。為了使計畫精神傳承下去，更要從教育角度切入，有關部門皆已開設頗具規模的森林學習教室，積極鼓勵當地的中小學生參加，以認識藏王森林所面臨的危害。我深信這些種子播下去後，肯定會讓這些孩子在長大後以不同的形式來投入計畫。身為遊客的我，除了欣賞美景外，也想對當地人的付出表達支持，祝願計畫推展順利，期待不久的未來會有好消息傳出。♠

information

山形藏王觀光｜www.zao-spa.or.jp
山形藏王纜車｜zaoropeway.co.jp
藏王國際飯店｜www.zao-kokusaihotel.jp
宮城藏王觀光｜miyagizao-navi.jp

希望透過「復活藏王冷杉林的跨世代計畫」，可以讓藏王樹冰的壯觀美景永遠保存下去。

東北六大祭 \ MAP /

📍 LOCATION

❶ 青森睡魔祭
❷ 弘前睡魔祭
❸ 秋田竿燈祭
❹ 盛岡 Sansa 舞祭
❺ 山形花笠祭
❻ 仙台七夕祭

Column 2

東北盛夏六大祭 完全攻略

對於熱愛日本的旅人來說，每一趟日本旅行，可能都會設定一些特殊的目標以求達陣，一方面挑戰自己，另一方面也能為自己留下一些別有意義的難忘回憶，例如登上富士山、前往日本（本土）的東南西北四極（可申請「到達證明書」作為紀念；欲知詳情可查詢關鍵字「日本四極」），又或者累積多次旅程、以達成「走遍日本 47 都道府縣」之類的里程碑。

如果是聚焦在東北的範圍，且是「一次旅行」就可達標，「追訪東北六大夏祭」這個目標便馬上浮現在我的腦海，而且我覺得並不難達成，所以特別在此分享一下。

▌走遍東北六大祭典

日本祭典，集結「紀念、祈福、慶祝、感恩」等意義，擁有悠久的歷史。盛夏更是祭典的旺季，各地民情不同，每個祭典也都展現出獨樹一格的特色，近年來已成為旅客感受日本傳統的熱門行程。

打開全日本的夏祭日程表，細看會發現，東北

五天走遍東北六大祭典

次序	祭典	日期時間	建議日期	地點	備註	官網
1	盛岡 Sansa 舞祭	8/1～8/4 • 18:00～21:00	8月2日	盛岡市中央通（縣廳前）約一公里範圍。	舞蹈體驗 • 日期：8/1～8/4，17:00～17:45 • 地點：岩手縣公會堂大廳（岩手縣政府旁） • 費用：免費	
2	青森 睡魔祭	8/2～8/7 • 8/2～8/6：19:10～21:00 • 8/7：13:00～15:00（白天遊行），18:45～21:00（海上遊行、花火大會）	8月3日	從 JR 青森站沿新町一丁目徒步至花車出巡地，約 15 分鐘。	8 月 7 日會在白天進行花車巡遊，然後於晚間在海上舉行閉幕式，獲獎的大燈籠會被運到船上，人們可以從海上欣賞它們雄偉的身姿。海邊也有五彩繽紛的花火表演。	
3	秋田 竿燈祭	8/3～8/6 • 18:45～20:25	8月4日	秋田縣秋田市竿燈大街。從 JR 秋田站西出口步行 20 分鐘，沿路皆有指示。	竿燈妙技會（比賽） • 日期：8/4～8/6，9:20～15:20 • 地點：エリアなかいち廣場（位於秋田縣立美術館旁） • 費用：免費	
4	弘前 睡魔祭	8/1～8/7 • 8/1～8/6：19:00 • 8/7：10:00	8月5日	劃分為土手町路線、車站前路線、土手町第七日路線。 車站前路線最為方便，就是 JR 弘前站前的大街。	• 8/1～8/4：土手町路線 • 8/5～8/6：車站前路線 • 8/7：土手町第七日路線	
5	仙台 七夕祭	8/6～8/8 • 全天	8月6日	從 JR 仙台站前往一番町及中央商店街只需數分鐘。	數以千計的七夕掛飾出現在 JR 仙台站附近的商店街，所以旅客可以在白天觀賞，然後同一天可去山形參加花笠祭。 七夕祭正式開始的前一晚（8/5），還會舉行花火大會。	
6	山形 花笠祭	8/5～8/7 • 18:30～21:30	8月6日	從 JR 山形站東出口一直走，約 20 分鐘，便可到達起點站的羽州街道。	舞蹈體驗 • 日期：8/5～8/7，18:00～18:30 • 地點：遊行終點附近的市政府辦公大樓前 • 費用：免費	

★　各項活動實際舉辦資訊，仍以官網當年度發布為準，本表資訊僅供參考。

盛岡 Sansa 舞祭。

的主要祭典都集中在 8 月初，因此我便曾經利用 JR Pass 搭乘新幹線，來回穿梭在大城小鎮之間，輕易達成目標。

前頁攻略表整理出了規劃重點、建議參觀日期等資訊，而我建議的參觀順序是由北到南：盛岡 Sansa 舞祭（8/2）、青森睡魔祭（8/3）、秋田竿燈祭（8/4）、弘前睡魔祭（8/5）、仙台七夕祭（8/6）、

盛岡 Sansa 舞祭有免費的「SANSA 速成班」，讓旅客跟著下場一起同歡。我們學到統一三颯舞 2 號〈七夕變奏曲〉的舞步，即學即用，馬上投入晚上的狂歡中。

山形花笠祭（8/6）。這份規劃只是參考，大家還是可以按自身喜好或實際狀況來調整，也可善用時間，減少一天來達標，例如弘前睡魔祭的最後一天（8/7）是在白天進行的，再配搭同一天晚上的青森睡魔祭（海上遊行、花火大會），就能成行。

　　除了觀賞祭典，也強力推薦大家安排時間參加舞蹈體驗。山形花笠祭和盛岡 Sansa 舞祭在晚上的舞蹈表演前，都設有免費的教學體驗，有專人教大家快速學成基本的舞蹈技法，且在晚上的活動中，都設有一段能讓旅客自由加入的表演時段，大家可以集體跳起舞來，非常好玩！

▌青森睡魔祭一定要選擇晚上

　　青森睡魔祭與秋田竿燈祭，同屬我心中的東北祭典第一位。先說前者，我記得在街頭上看著一台又一台巨天的大燈籠車在馬路上出征，氣勢是多麼懾人，尤其目睹燈籠車行走時忽左忽右，突然急速轉彎衝向路邊，快要撞到觀眾的千鈞一髮之際才停下來，真是驚心動魄，教人大呼過癮！祭典的頭五天（8/2 ～

仙台七夕祭。

青森睡魔祭中壯觀華麗的燈籠隊伍。

8/6）都在晚間舉行巡遊，氣氛最熱鬧，表演者也是
最賣力的（在我眼中），非常推薦在晚上觀看。反而
最後一天（8/7）的白天巡遊，氣氛有明顯差距（依
我個人感受），所以要看的話，必選頭五天的晚上。

　　不過最後一天晚上的壓軸「海上遊行」卻是不
可錯過的亮點。獲獎的大燈籠通通被運到船上，而在
岸邊的旅客看著一條條載著大燈籠的船在面前緩緩駛
過，船上的人搖動著燈籠、輕輕揮手，海邊的人也熱

青森睡魔祭的壓軸「海上遊行」。

烈回應，場面很感人。整個祭典的最後高潮，就以五彩繽紛的花火表演作結。

馬路變燈海的壯觀場面

　　秋田竿燈祭是祈求五穀豐收的節慶。記得當祭典一開始，我目睹到一根又一根長長的竿燈同時舉起，馬路變成燈海，這個壯觀場面令我的心情興奮又激動！

　　外形如稻穗的竿燈，象徵農夫的豐富收穫，按高度可分為四種：幼稚園、小孩、青年及成人，是「大人可玩（挑戰），小朋友也可以玩（挑戰）」的祭典。成人竿燈高達 12 公尺，稱為「大若」，其上端是祭神驅邪幡（神道供品的紙片，將剪成細條的紙用木籤串在一起），一根竿燈最多可掛起 46 盞米袋形狀的燈籠。

　　這場祭典最大的看頭是，無論是大人或小孩，都要輪流挑戰五種舉竿燈的技法，每次轉換技法，都會引來掌聲雷動。依次序與難度的升升，分別是「流し」、「平手」、「額」、「肩」及「腰」。其中「腰」

祈求五穀豐收的秋田竿燈祭。

活力四射的秋田竿燈祭。

是最高難度的一招，表演者要先紮穩馬步，稍微傾斜上半身，慢慢把竿燈的底部移至自己的腰部，用力一撐，雙臂張開，重達 50 公斤、高達 12 公尺的竿燈便這麼舉起來了。

▋住宿據點的建議

最後要分享住宿的部分。祭典期間訂房是很困難的，其中青森與秋田最熱門，需要提早數個月訂房，而且要抱有「再貴也要訂到房」的決心。換一個角度去看，在舉行祭典的城市住上一個晚上，自然會有充足的時間去體驗祭典，不過就是要每天收拾行李與移轉陣地，所以不妨考慮選擇兩至三個地方作為住宿據點，例如仙台與山形比較近，可取其一為落腳點，往返兩地除了坐火車外，搭班次多、需時一個小時左右的長途巴士也是推薦的做法。盛岡也可以成為另一個住宿據點，當時我在 JR 盛岡站前的旅館住上了數天，除了本地的盛岡 Sansa 舞祭外，坐新幹線往返秋田、青森、仙台等地，也都很方便。♠

弘前睡魔季的大燈籠。

戴上夏祭花笠旋轉吧！

三天兩夜的夏日山形遊

花笠祭　立石寺　銀山溫泉　能登屋旅館　昭和館

介紹完冬日山形，也要讓大家認識夏日山形的魅力。如前文所述，東北共有六大祭典，分別是：盛岡 Sansa 舞祭、青森睡魔祭、秋田竿燈祭、弘前睡魔祭、仙台七夕祭、山形花笠祭。而這是一趟為期三天兩夜、以花笠祭為主軸的豐富旅程，並結合了經典的登山健行（山寺）與溫泉住宿（銀山溫泉）。

1｜JR 山形車站。
2｜我從東京搭乘新幹線
　　抵達山形。

造訪這三處的次序，可以按個人情況來自由調度，而我的山形夏日之旅所規劃的順序是：花笠祭、山寺與銀山溫泉。值得一提的是，山寺與銀山溫泉都是四季皆宜的景點，各有不同的怡人風情。如果是在冬天造訪山形，也非常建議將這兩者與「藏王樹冰」一併納入規劃。

第一站｜花笠在山形夏夜裡翩然起舞

第一天，我在下午 3 點前抵達山形市，為了方便隔日一早去山寺的行程，我下榻於靠近火車站的飯店。

舉辦於每年 8 月 5 日至 7 日的花笠祭，主要在十日町、本町、文翔館等街區進行，從 JR 山形站東出口出發，20 分鐘便可抵達；屆時全長 1.2 公里的馬路都會成為表演場地。祭典大約在晚上 6 點開始，遊行隊伍中打頭陣的是裝飾華麗的「藏王大權現山車」，隨後是穿著搶眼服飾的舞蹈隊伍，每一隊約有數十至過百名舞者，有女子隊、男子隊、男女混合隊，甚至還有兒童隊。

說起花笠祭，要先從由國外引進日本的「紅花」說起。根據「山寺和紅花」推進協議會網站的介紹，山形縣最上川地區在江戶時代（17 世紀到 19 世紀中）是日本最大的紅花產地，占全國一半的產量。頂級的山形紅花被稱為「最上等紅花」，其價值被形容為「白米的百倍、黃金的十倍」。當時，山形商人會以專船將紅花運到京都，

1 │ 巡遊隊伍中打頭陣的是「藏王大權現山車」，有兩位強壯的鼓
　　手擊鼓。

2 │ 車上是經過票選脫穎而出的祭典小姐，正與遊客揮手致意。

3 │ 舞蹈隊伍由不同組織或團體組成，陸上自衛隊也有參與。

加工製成西陣織、化妝品，以及改善血液循環的藥物。後來，紅花不只成為山形縣花，更在祭典上發揮作用，人們用染紅的紙張摺成「紅花」來裝飾斗笠，這些斗笠即是「花笠」。花笠祭首次於 1965 年舉行，頭戴花笠的舞者，配合著祭典樂曲〈花笠音頭〉，一邊遊行一邊跳舞，以繽紛的斗笠、動人的舞步妝點山形的夏夜。

正統花笠舞有三種，俗稱「女舞」的「和風最上川」是最早誕生的舞蹈，舞者穿上色彩繽紛的和服，跳著優雅華麗的舞姿；順帶一提，「最上川」是山形縣名川，有「母親河」之稱，是日本三大急流之一，也是紅花的主要產地。隨後，雄壯有力、俗稱「男舞」的「藏王曙光」誕生；雖說是「男舞」，實際上女性也可擔當舞者，多數會穿上黑色或深藍色的上衣和褲子。第三種「斗笠旋轉花笠舞」，顧名思義，其特色便是舞者會一邊跳、一邊旋轉斗笠，舞姿生動又奔放，男女均可成為舞者。

儘管花笠祭的歷史只有 60 年左右，比起其他夏祭相對年輕，但每年三天的祭典仍能吸引百萬

活力十足的兒童組成全場「最小」的花笠舞蹈隊伍。説不定小朋友長大後，會成為獨當一面的專業祭典舞者。

斗笠上點綴著象徵「山形之花」的紅花。斗笠分為三種：女用斗笠、男用斗笠和旋轉用斗笠。圖中是女用斗笠，用於女舞或獨創舞。

以上的遊客。如果旅客也想體驗花笠舞的話，千萬別錯過每晚均有兩次的體驗機會。首先是下午5點半，在終點附近舉辦的「30分鐘速成班」，有舞蹈老師傳授花笠舞技巧。練習後當然要一展舞技，大約晚上8點半開始，只要見到工作人員手持「中途加入組」的標語牌，大家就可以加入，跟著當地人在這個山形夏夜裡盡情起舞！

1-2 ｜ 穿著和服的女舞者，正表演「和風最上川」，手持的是女用斗笠。她們會邊跳邊與遊客互動。

3-4 ｜ 舞者手持旋轉用斗笠，全體做著整齊劃一的動作：脫下花笠、上下揮動、360度旋轉花笠，再將花笠高舉過頭，宛如躍起般地高舉左腳，呈現出魅力非凡的「斗笠旋轉花笠舞」。男舞者手持的是男用斗笠。

第二站｜登上山寺眺望山形大地

　　松島的瑞嚴寺、平泉的中尊寺及毛越寺、山形的立石寺，是東北地區重量級的佛寺，都是由平安時代的慈覺大師（794-864）所開創的古剎，同時也是日本詩聖松尾芭蕉（1644-1694）在其旅遊鉅作《奧之細道》記述的地方，因此歷來受到日本人的關注。

　　能感受日本古老歷史的傳統「山寺」，是夏日山形的第二站。「山寺」是人們比較熟悉的統稱，全名為「寶珠山立石寺」，而立石寺又是「一山全體寺院建築」的總稱。建於西元 860 年的山寺之所以吸引旅客，即是寺院的 20 多座建築均分布在山崖險壁上，從五大堂眺望出去的美麗景致也遠近馳名。

　　前往山寺比想像中的方便。翌日清晨，我在 JR 山形站搭仙山線火車到 JR 山寺站，只需坐一站，約十多分鐘。若從仙台站出發也很便利，同樣是搭仙山線火車，約一小時車程。

　　小小的山寺站，古色古香的外型像一座小寺

山寺是立於山崖上的著名古剎，即便是平日，也有許多旅客奮力拾級而上，希望獲得神佛庇佑。

山寺站被列為「東北車站百選」之一。

院，與山上的古寺互相呼應，車站也被列為「東北車站百選」之一。步出車站向上看，立於懸崖峭壁上的寺廟群就是山寺的所在地，走過一些旅館、土產店及小食堂後，不久就來到登山口。有一些店鋪會在門口提供免費的登山枴杖，我跟店家買了一瓶茶，也借了一支枴杖。

　　由於山寺是著名的古剎，即便是平日，參拜的人潮也很多。既然是山崖上的古寺，旅客便需要拾級而上，而這也算是這趟行程的重點──占地廣達 52 萬坪的立石寺，從登山口到最高點的奧之院之間，共以 1,015 級石階相連，傳說每爬升一階，就會少掉一些煩惱，因此又稱「消除煩惱之石階」，預計一小時可走完全程。如果同行有一些行動不便的長者，事前規劃可能要考量清楚。

　　登山道大致分為兩段，由登山口至仁王門為第一段。首先會經過詩聖松尾芭蕉的雕像及數座寺廟，緊接而來的是一段扶搖直上的石階梯，我們彷彿循著慈覺大師、松尾芭蕉先生及昔日修行

登山道兩旁盡是參天大樹，枝葉繁茂幽靜。

占地廣達 52 萬坪的立石寺，從登山入口到最高點的奧之院，共以 1,015 級石階相連。

1 │ 登上仁王門前，會先經過彌陀洞。這本是一面經風雨沖刷
　　侵蝕的垂直石壁，後被人雕刻成阿彌陀如來的形狀。據説
　　有緣看到阿彌陀如來形狀的人，就會獲得祝福。

2-3 │ 沿途可見散布各處的佛像、地藏王菩薩像。

者的足跡，踏上參拜之路。山寺絕大部分的寺廟都集中在這一段，沿著登山道便可逐一把寺廟巡禮一遍。

　　登山道兩旁盡是挺拔的參天大樹，走在其中，讓人感到自我的渺小。一路上也遇見小小的佛像、地藏王菩薩像，散布在大小石塊之間，像在為大家打氣、加油。遊人雖多，但大家都珍惜清幽美好的環境，說話也特別輕聲；8月的陽光雖然猛烈，但走在陰涼的樹道中也不會汗流浹背。若真的爬累了，隨時都能倚在路邊的巨石上休息一下，而且稍早在小店借用的枴杖，真的可以發揮很大的幫助。

　　大概過了一半路程，就會抵達仁王門，從仁王門到開山堂便是第二段登山道，這裡也可以說是登山道的分岔點。過了仁王門後，再也沒有參天古木的庇蔭，而是被盛夏陽光覆蓋的登山道。

1 ｜ 仁王門旁的紅葉樹。沒想到8月也有幸欣賞到紅葉之美。
2-3 ｜ 1,015級石階的終點即是奧之院。

具有抵擋邪惡作用的仁王門，常見於日本各地寺廟。山寺的仁王門建於 1848 年，內部兩側安置仁王像，守護來訪的信眾，也逼視著惡人。此外，門的內外被貼滿了「千社札」，據說在祈願後，把自己的名字與出身地寫在千社札上，貼在寺廟中，可以幫助願望實現。

慢慢走、慢慢看，真的只不過一個多小時，最後便登上 1,015 級石階的終點──奧之院。其正式名稱為「如法堂」，裡面安置著開山的慈覺大師從中國修行時，一路奉持而來的釋迦如來佛本尊。而山上最古老的建築納經堂也在這裡，寺內高僧所書寫的經文都安置於此，建於百丈絕壁之頂，像極了武俠小說中的場景。

立於另一邊的開山堂，安置了慈覺大師的木造雕像，旁邊有一條小路可直登五大堂，是整趟山寺之旅的最後一站。經過多次整建的五大堂是一座木造道場，建築大半懸於山崖邊陲，時至今日已成為全寺的最佳展望台。這裡有令人讚嘆不已的美景，綿延起伏的山巒、湛藍遼闊的天空、如積木的小屋群，盡收眼底，讓山形的遼闊一覽無遺。

1-2 ｜ 順著階梯的引導，遊客造訪一座又一座臨坡而建的寺廟。
3 ｜ 正在前往五大堂的遊客。

山寺的寺院群依山而建，有些甚至在山崖險壁上。
登上最後一站的五大堂，可眺望到綿延起伏的山巒。

在五大堂眺望到的山形大地。

依著山勢、層層疊疊建蓋起來的立石寺，滿山都是信徒們的信仰。

第三站｜點著瓦斯燈的浪漫溫泉小鎮

從山寺下山後，我便搭乘新幹線來到 JR 大石田站，車程大約半小時，抵達夏日山形的最後一站——保留大正時代氛圍的「銀山溫泉」；既然有溫泉可以享受，當然要在小鎮上過夜。

這是一座四周被群山包圍的小鎮，有一條冒著熱氣、澄澈見底的河川穿流而過，河岸左右各有成排約五、六層木結構的旅館，加上潺潺水流、青石板、小橋、瓦斯燈……猶如時光靜止，營造出遺世獨立的寧靜氣氛，再加上穿著繽紛浴衣的遊人在街道上漫步，不禁更讓人聯想到宮崎駿《神隱少女》（港譯《千與千尋》）中的「油屋」溫泉館。

銀山原是日本三大銀礦山之一，後來礦工發掘到溫泉泉源、封山禁止採礦後，此地便逐漸轉變為溫泉保健療養地。1913 年，小鎮慘遭洪水破壞，現今的街景都是在那個時期重建的，建築以日式風情為主，且因當時屬大正時代（1912-1926）的日本正受到歐洲浪漫主義影響，設計上也加入

我用畫筆畫出了我對銀山溫泉優美細緻的印象。

歐洲元素，因而呈現出迷人的「大正浪漫」氛圍。

在鎮上愜意晃晃，好奇是左岸、還是右岸的景色更好？原來，站在小橋中央，才是最美的觀景角度；細細觀看眼前畫面，我發現，每一家旅館都很有味道，而一座又一座小橋，扮演著連繫各家旅館的角色，也把當地人和旅客緊密連在一起。

銀山溫泉旅館

　　銀山溫泉官網列出當地 13 家旅館的網站，方便旅客逐一比較；其中，只有銀山莊以現代化大型旅館自居，也是容納住宿人數最多的旅館，但離溫泉街道較遠，獨自坐落在巴士站附近。

　　至於集中在河川兩旁的 10 家旅館，則是小鎮的特色景致，雖然街道長度只有 200 至 300 公尺，但這些擁有百年風華的木造旅館在銀川兩岸一字排開，令小鎮呈現出濃濃的復古情懷，讓人彷彿踏進古色古香的大正時代街景。

　　值得一提的是，夏季週六晚上，橋上也會進行花笠舞的表演，對於錯過只有三天的花笠祭的旅客，這個表演不無小補。

　　被日本登錄為國家有形文化財的能登屋旅館，坐落在川流上游的右岸，堪稱是銀山溫泉的地標。許多朋友對銀山溫泉的初次印象，可能源

十家旅館與多條小橋組成此地最美的風景。
站在橋中央，才是最棒的視角。

自於日本電視劇《阿信》中的情節畫面——阿信的孫子圭來到一家名叫銀山館的旅館尋找祖母，劇中的銀山館正是在能登屋旅館拍攝的。能登屋旅館建於大正 10 年（1921），是一座木製三層樓的建築，頂部設有展望塔；屋內繼承日本的傳統風格，充分體現纖細的日式美感。旅館共有 15 間和式房間，除了大浴場、男、女性專用的露天風呂等，更特別的還有洞窟浴池，各有一番風味。

有機會來銀山溫泉，能享受一晚當然最好，但若只能一日遊，建議中午之前來，除了在溫泉街散步、觀光及購物外，還可以考慮泡一回湯，畢竟這裡是有名的溫泉小鎮。至於數間有提供日歸溫泉的旅館中，古勢起屋別館會是上上之選，他們充滿古早味、有著彩繪玻璃的內湯非常有名。

能登屋旅館當然是我的住宿首選，雖然價錢高，但相信很值得，只可惜三個月前訂房便已額滿了。最後我選擇入住價格親民的昭和館，館內共有 13 間日式客房，雖然兩人房不算寬敞，但已

1 ｜留宿小鎮的另一珍貴時刻就在入夜後。我邊走邊聽著潺潺的水流聲，看著光影之美，記憶著這個難忘的晚上。

2 ｜能登屋旅館，在燈光下展現出不一樣的氣派。

很足夠；他們提供的溫泉採用源泉放流式的天然溫泉，來自地底湧出的溫泉水會源源不絕地流進浴池內，而不是循環再利用的模式。除了基本的大浴場外，旅館的頂樓也設有能夠俯瞰溫泉街街景的「天空風呂」，我自己很喜歡。

在銀山溫泉過夜有兩段珍貴的時刻——遊客最少的晚上與清晨時分，這些時候最能夠靜靜地欣賞小鎮的原始風貌。尤其是晚飯後在街上散步，能觀賞到點亮後的復古瓦斯燈與傳統木造旅館所交織出的夢幻夜景，和白天時有著截然不同的氛圍。

一覺好眠後，我帶著期待的心情起床，穿上浴衣輕快地步出旅館。清晨 5 點多的陽光帶來微微的溫暖與清新的空氣，讓人倍感舒服，路上已有三三兩兩的旅客安靜地散步。我選了一處街角寫生，隨著畫筆的移動，猶如世外桃源的景致逐漸出現在我的畫紙上，為這趟三天兩夜的夏日山形之旅畫上句號。🌲

永澤平八坐落在能登屋的隔壁，同為大正時代的建築，全棟共有 9 間客房。

小叮嚀：旅客管制於 2024 年冬季開始實行！

計畫遊覽銀山溫泉的旅客需要特別注意，當地從 2024 年冬天開始實施交通管制與一日遊旅客的管制，出發前務必查看銀山溫泉觀光官網，了解最新的資訊。

information

山形花笠祭｜www.hanagasa.jp
「山寺和紅花」推進協議會｜yamadera-benibana.jp
山寺觀光協會｜www.yamaderakankou.com
寶珠山立石寺｜www.rissyakuji.jp
銀山溫泉官網｜www.ginzanonsen.jp

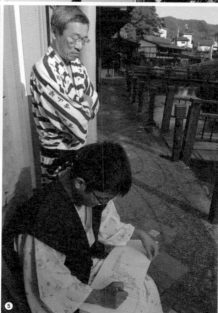

1 │ 被登錄為國家有形文化財的能登屋旅館是銀山溫泉的地標。

2 │ 藤屋是鎮上最另類的旅館，由日本建築大師隈研吾操刀設計。傳統建築中的縱格細木，
　　為建築散發出日式禪意，卻也帶出時尚美。

3 │ 充滿浪漫氛圍的瓦斯街燈。

4 │ 溫泉街的尾端是白銀公園的入口，有一條落差 22 公尺的白銀瀑布。

5 │ 低頭專注寫生的我，與正在賞畫的日本伯伯。

雪夜裡的銀山溫泉，是最令人迷戀的景色。

解鎖
滑雪人生

造訪東北最大的滑雪場

安比高原滑雪場　　安比高原度假村　　岩手山

GALA 湯澤滑雪場

你喜歡滑雪嗎？你喜歡在日本滑雪嗎？在什麼情況下、在哪個滑雪場開始第一次的滑雪呢？我是邁入中年才開始人生的初次滑雪。話說當年，我正計畫探訪冬日瑞士（因此誕生《冬季瑞士》一書），並預計在瑞士高山滑雪。但我其實從未滑過雪，決定先練習一下，因此便安排自己在比較熟悉的日本來趟滑雪初體驗。想不到從此愛上滑雪，往後只要有空，都會固定到日本滑幾趟雪。

日本是愛上滑雪的初戀之地

　　新潟縣的越後湯澤「GALA 湯澤滑雪場」，是解鎖我滑雪人生的重要場所。那一回是三天兩夜的快閃旅程，清晨 5 點多坐飛機抵達東京，從東京搭上越新幹線出發，約 70 多分鐘的車程即抵達當地；步出 GALA 湯澤車站的閘口，馬上乘坐手扶梯去買入場門票和租借滑雪裝備，等到我穿好滑雪鞋、搭上纜車上山開始滑雪，也才不過早上 9 點多而已。人生第一回合的滑雪，就是要找像這樣方便的滑雪場。

生平第一次的滑雪，地點就在 GALA 湯澤滑雪場。

1-2 ｜ 越後湯澤車站，站內的伴手禮店是當地著名的觀光景點。

3 ｜ 我與旅居日本的奧地利籍滑雪教練合影。

4 ｜ GALA 湯澤滑雪場有租借滑雪裝備的地方。

我喜歡住在距離滑雪場很近的越後湯澤，常常在那邊的溫泉旅館一住數天，白天去 GALA 滑雪，晚上回去泡湯，清晨再泡一次才去滑雪。我住過好幾家各有規模特色的旅館，有些旅館還會貼心地安排接駁車接送客人到滑雪場。另外，我也曾經善用「JR 東京廣域周遊券」往返東京與湯澤；這套周遊券在三天內可不限次數搭乘範圍內的列車，且可享 GALA 的纜車、滑雪等優惠。也就是說，早上搭新幹線去 GALA 滑雪，滑到下午 4 點半滑雪場關門，晚上 7 點左右返回東京，還能繼續享受一段都會的夜生活呢。

現在，我不但會花錢添購自己專屬的滑雪裝備，也熱衷前往那些坐落於深山中，既要搭火車、又要轉巴士，經過長途跋涉才能抵達的超大滑雪場，如此便能享受更長、更廣闊的雪道了。

其中，位於岩手縣、為東北地區最大的安比高原滑雪場，是我近年很常光顧的地方。安比高原滑雪場坐落於十和田八幡平國立公園內，聽起來好像有點偏遠，但這裡距離新幹線盛岡站很近，前往東京、青森、山形都很方便，除了滑雪外，

也能夠靈活地搭配其他旅遊行程。我便以滑雪活動為核心，安排了一趟四天三夜之旅。

INFO

我的四天三夜行程規劃

四天三夜的行程中，我雖然不會在入住飯店的第一天滑雪，但我會趁當天下午預先租借雪具，並先放好在儲物櫃裡，隔天一早就可快速去滑雪。考量的是，滑雪場早上的人潮很多，大家都要租借用具，反而會浪費不少時間；而且第一天不會計入費用，只需繳交兩天的租金。

第二天就花一整天來滑雪。第三天因為剛好天氣特別晴朗，我便安排上午半天的時間，坐上纜車、登上山頂遊覽，下午又繼續滑雪，直到要繳回雪具的時間。第四天早上，我便搭乘巴士返回新幹線盛岡站；不過我也聽說有旅客會先在早上寄存行李，然後滑到雪場打烊後才取行李離開。

右頁圖｜
繁華的盛岡市與壯麗的岩手山同框的畫面。岩手山名列「日本百名山」之一，標高 2,038 公尺，是岩手縣的最高峰。

旅客在盛岡車站下車後，可以在西口的 26 號巴士站，直接搭巴士前往滑雪場，車程約一小時。

▎可以 ski in ／ ski out 的超便利住宿

關於當地住宿的部分，滑雪場旁有一座由三家飯店組成的「安比高原度假村」。按飯店等級排列，最高級的是「ANA 洲際飯店」，其次為「ANA 皇冠假日飯店」、「ANA 假日度假飯店」（僅於冬季營運）；旅客入住任何一家，都可以 ski in ／ ski out（指飯店離雪場或纜車站很近，只要在飯店著好裝備，就能直接滑到雪場）。以方便程度來說，無疑是位於滑雪場正前方的 ANA 皇冠假日飯店。它分為本館及塔館兩座，提供的房型相當多元化，除了兩人房、三人房、家庭房外，還有樓中樓套房（一樓客廳、二樓臥室，空間寬

滑雪場正前方的 ANA 皇冠假日飯店，分為本館及塔館兩座。

敞）。我入住塔館的兩人房，面積接近 30 平方公尺，空間相當足夠，可惜訂房時只能選房型，無法選擇可以看到滑雪場的方向。

塔館是該區最高的建築，就像城市裡的高樓大廈一樣，左右分別有走道與本館、滑雪中心相通，前往登上山頂的纜車站也很方便。雪具租借的地方有兩處，一個是在本館，另一個比較大，則在滑雪中心，都是提供 SALOMON、ATOMIC 等品牌的雪具。入住旅客多數在本館租用，外來旅客則在滑雪中心租用。以三件組（滑雪板、靴子、滑雪杖）為例，入住旅客一日的費用約 5,000 日圓左右，外來旅客的費用會貴一點。這裡也有滑雪學校，如果需要英文或中文教練，建議提早在官網預約，現場報名的成功率應該很小。

外來旅客大多是自駕或搭巴士來滑雪的人，滑雪中心外面是一座大停車場。他們大多是早上來滑雪，下午 3、4 點離開。如果想要省錢，可以住在滑雪場外圍的民宿或盛岡市中心，往返市中心的單程巴士也是一小時內。

整座滑雪場的地圖。

INFO

滑雪場門票

滑雪場門票分為「Green Pass」、「Blue Pass」和「Gold Pass」。只需約 3,000 日圓的 Green Pass，專門服務「只使用白樺雪道」的旅客，非常適合從未滑過雪，或只是來玩雪的旅客；Blue Pass 與 Gold Pass 則皆可使用滑雪場所有的吊椅及登山纜車設施，票價分別為 5,000 及 8,000 多日圓。Blue Pass 屬於標準門票，而 Gold Pass 最大的優勢是不用排隊，可走專用通道，快速坐上纜車或吊椅。

我第一天便是使用 Green Pass，第二天才買 Blue Pass。

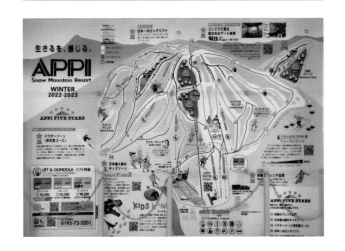

初學者也能從山頂滑下來的初級雪道

當我從滑雪中心走出來，馬上就看到一條又廣又直的雪道，許多人正從半山腰上快速滑下來。這裡有別於 GALA 湯澤滑雪場，不需要搭纜車上山才能見到雪道，因為光是山腳處便已達海拔 600 多公尺，全場 21 條長雪道（初級雪道占 30%）則分別分布於海拔 1,305 公尺的前森山，以及 1,328 公尺的西森山，而大家在滑雪場正前方見到的山，就是前森山，西森山則在看不到的範圍。

滑雪場由左至右分為四個區域：第二區、帆船區、中央區及西森區。ANA 皇冠假日飯店及滑雪中心面對的正是中央區，是四區中占地最大的區域，而另外兩家 ANA 飯店可以 ski in ／ ski out 的範圍也包含中央區，所以毫無疑問，中央區是最熱鬧的地方。

對於初學者來說，在這 21 條雪道中，該挑選哪一條會比較輕鬆呢？那就是滑雪中心正前方的「白樺雪道」，這條雪道就位於中央區，這裡的雪道通常較長，彎道不多。白樺雪道屬於「初

1 ｜我身後是滑雪場的中央區。
2 ｜滑雪中心。

級中的最初級」。旅客只需搭乘四人吊椅上去，就可滑行這段長一公里的雪道，寬度最大為 300 公尺（我個人覺得三分之二的雪道都差不多這麼寬），而平均坡度只有 9 度（最大為 15 度），又闊又直是最貼切的形容詞，任何人、包含新手都可以自在地按自己的節奏去滑行，不必擔心被人追趕。

除了白樺雪道外，還有另一條初級雪道是宣傳重點，不過那是「初級中的最高級」程度——它是一條可從山頂滑到山腳的初級雪道，所以旅客要先坐纜車登上山頂，再沿著這條稱為「Yamabato」的雪道開始滑行；Yamabato 長達 5.5 公里，最大寬度只有 30 公尺（最小 15 公尺），平均坡度則為 15 度（最大為 20 度）；到山腳後，會再接回「初級中的最初級」的白樺雪道。白樺雪道和 Yamabato 雪道雖都屬初級，但兩者的寬度

與坡度仍有差距，信心不足的初學者還是要審慎評估自己的能力。

此外還有一條初級中的最初級的「Karugamo 雪道」，不過它不是以滑雪場的滑雪中心（或 ANA 皇冠假日飯店）為終點，而是以另一邊的 ANA 假日度假飯店為終點，所以我沒有機會嘗試。

登上山頂眺望「東北的富士山」

經過第二天重新熟悉滑雪的感覺，我到第三天才購買 Blue Pass 進場。我不但想體驗其他雪道，也想趁著晴朗的天氣，暫時放下雪具、輕鬆地坐纜車上山頂走一走；這是每個來到安比高原滑雪場的旅客必做的事。整座滑雪場只有一條登山纜車線，全年運作，即使是沒有下雪的季節裡，旅客也可以遊覽山頂的觀景台，其中的「夢幻雲海」與「滿山紅葉」都是吸引人的招牌景色。

步出纜車山頂站，除了幾條黑色雪道外，還有前文提及的長達 5.5 公里的 Yamabato 雪道，只見滑雪人士都整裝待發地朝向不同的雪道前進，

1 ｜遠方的那座山就是前森山。
2 ｜Erica 正位在岩手山前方。

右頁圖｜
1 ｜登上山頂，可觀賞到廣闊的平原與壯麗的岩手山。
2 ｜登山纜車。
3 ｜離開纜車站，行走約 100 公尺的上坡路，可登上山頂。
4 ｜人們可在山頂盪鞦韆。
5 ｜小小的安比山頂神社。

山頂展望台
安比神社
Mountain Top
Photo spot
APPI Shrine

不滑雪的人則依著指示牌行走。這是一段約100公尺的上坡路，雖然積滿厚雪，但走起來並不會覺得舉步艱難，大約10分鐘便可登上前森山的山頂。山頂上建有一座小小的安比山頂神社，保佑著安比山區裡所有人的安全；另外還設有兩根標高木柱，一根自然屬於前森山，上面刻著「1,304m」，另一根是位於前森山南邊的岩手山，上面刻著「2,038m」。這天我很幸運，清楚地觀賞到廣闊平原後方的岩手山。

壯麗的岩手山名列「日本百名山」之一，屬於奧羽山脈北部的山峰。不論是在岩手縣與奧羽山脈境內，都是最高峰。岩手山本身是一座活火山，在2004年解封後，旅客可在夏天時攻頂。由於其外形酷似富士山，更有「東北的富士山」的稱號，此外還擁有「岩手富士」、「南部富士」、「岩鷲山」（因形似鷲鳥）等外號。

▌在深山，用餐選擇仍多元豐富

最後，要分享飯店的餐廳、滑雪中心的美食廣場，以及溫泉。首先，ANA皇冠假日飯店或滑雪中心外面是沒有任何餐廳或便利商店的，所以早餐及晚餐一定要在飯店內的餐廳享用。早餐是一般的自助餐形式，晚餐就精彩多了，除了有自助晚餐外，旅客也可在飯店內的多家餐廳享用，有日式、西式、烤肉、鐵板燒、中華料理等多種選擇，所以即使住上四、五個晚上，用餐也不怕會重複。

我預訂了一泊二食的方案，辦理入住手續時，職員會說明哪些餐廳是包含在一泊二食的計畫中，客人可以在這些餐廳裡享用指定套餐（當然也可額外加點），但有一、兩家特別高級的餐廳不在選擇名單內。如果是首次到訪的旅客，直接選擇一泊二食的住宿計畫會比較容易安排，再訪的旅客不妨試試「一泊一食＋一泊二食」的混合組合，這樣晚餐的選擇會變得彈性許多。

午餐呢？基本上，飯店所有的餐廳都沒有提供午餐，無論是飯店旅客還是外來旅客，都集中在滑雪中心的美食廣場用餐。美食廣場很大，食物選擇多元化，大家聚在一起吃飯，高高興興地

1 ｜ 飯店設有多家餐廳，即使
　　住個好幾晚，仍有許多還
　　沒吃過的餐廳。
2 ｜ 我在烤肉餐廳享用晚膳。
3 ｜ 日式料理的套餐。

聊天，氣氛異常熱絡。休息後，又可馬上到外面繼續滑雪。

　　飯店內設有大浴場，但似乎不是真正的溫泉；要享受真正的溫泉，就要坐接駁車，去提供真正溫泉的「白樺之湯」。那是一棟獨立的建築物，面積頗大，可容納很多人。裡面提供多元化的浴池，重點是可以在露天泡湯，邊賞雪景邊泡湯，真的非常愜意。雖然有點麻煩，不過搭接駁車只需 10 分鐘，所以還算方便。

　　正如開頭所說，安比高原滑雪場是一處適合與其他地方一併規劃的滑雪場，例如，可連同山形藏王與仙台當地，組合成一趟八至九天的旅行（我當時就是從山形藏王來到安比高原滑雪場，最後前往仙台的）。又或者，在離開這座滑雪場之後，可繼續往北走，造訪青森縣，或是更北、更冷的北海道。🌲

information

安比高原滑雪場｜tc.appi-japan.com
GALA 湯澤滑雪場｜gala.co.jp

Chapter

4

南

夏

北海道の

驚喜的
花火全景
開港 164 週年的函館之夜

道新花火大會　　東急 STAY 函館朝市飯店　　函館 JR Inn

這一趟的南北海道夏天之旅，我的主要
行程是造訪洞爺湖與登別溫泉，並在
旅程的頭尾各住在函館一個晚上——但在這
個只是單純過夜的中繼站上，卻巧遇一個大
驚喜！

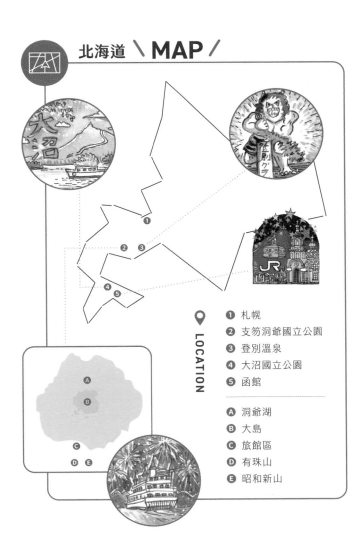

北海道 ＼ MAP ／

LOCATION

❶ 札幌
❷ 支笏洞爺國立公園
❸ 登別溫泉
❹ 大沼國立公園
❺ 函館

Ⓐ 洞爺湖
Ⓑ 大島
Ⓒ 旅館區
Ⓓ 有珠山
Ⓔ 昭和新山

在 18 樓飯店飽覽璀璨花火

其實在函館留宿，我並沒有特別規劃行程，沒想到卻非常幸運地遇上第 68 回道新花火大會，而且還是訂完飯店後才發現。這是紀念函館開港 164 週年、為期五天的紀念活動，第一天正是最多人期待的花火大會，我也是在當天傍晚來到函館的。我剛走出 JR 電車站，便發現車站裡外都是穿著浴衣往港口方向走的人潮，一群又一群，真是目不暇給。

更巧的是，我訂了「東急 STAY 函館朝市飯店」，這是一家位在市區、樓高 18 層的旅館，其中一邊客房可以觀賞花火，而且訂房時，其實官網並不開放讓人選擇房間方位，我卻很幸運地住到十樓以上、面向港口的房間，因此才能不被前方的函館灣岸大橋阻擋，全面地欣賞到最璀璨的花火之夜。一連串的順其自然，讓我永生難忘。

入夜後，整個港口及周邊的街道都擠滿等待花火大會的本地人與遊客，而這棟旅館的頂樓也是一處適合賞景的公共空間（包含酒吧），住客

傍晚，函館港口一帶已聚集大量旅客，等候觀賞花火表演。後方就是我入住的飯店。

可以坐在大片落地窗前欣賞，這時想來亦擠滿住客。雖然在街上、在頂樓更能感受到與人群共賞花火的熱烈氣氛，但既然有一連串的巧妙機緣，我自當是安坐在自己房間的窗前來欣賞花火。

花火大會從晚上 7 點 45 分開始，不間斷地施放，足足長達一個多小時。我便這麼坐在自己的房間，不受任何影響，專注且仔細地觀察花火從盛開到消失的每一瞬精彩畫面，極為豐富的日本

花火色彩與形狀千變萬化，有如萬花筒一般，讓我看得感動不已。

我在十樓以上的客房欣賞到的花火，每一道看起來都像是在夜空盛開的碩大花朵。曾讀過有關日本花火的文章，據說其他國家的花火彈多數是筒型的，而日本的花火彈則幾乎是圓形的，如此才能表現出更圓潤、更漂亮的圓形花火。

正如「花火」這一名稱所示，日本人長久以來都是將花火比喻為在夜空中盛開的花朵，因此也往往將花火取作「菊花」、「牡丹」等名。

NOTE

日本各地的花火大會

7 月至 8 月期間，日本全國各地會舉辦近 1,000 場的花火大會。其中以新潟縣的「長岡祭花火大會」、秋田縣的「大曲之花火」、茨城縣的「土浦全國花火競技大會」（土浦之花火），名列為日本三大花火大會，不但歷史悠久，花火師的技術也最高超卓越。

花火從盛開到消失的每一個瞬間，
我都在窗前清清楚楚地捕捉下來。

兩家將函館全景盡收眼底的飯店

　　這趟旅程，我在函館分別入住「東急 STAY 函館朝市飯店」與「函館 JR Inn」，兩家旅館都非常推薦。最大的亮點是，兩家的大浴場都設在頂樓，均有內湯與外湯，泡湯的客人可以盡享函館的美麗全景。我在黃昏、晚上及清晨都去泡一次，盡享不同時辰的氛圍與景色。

　　東急 STAY 函館朝市飯店位於日本著名的早市之一「函館朝市」旁，也就是讓我幸運觀賞到花火的飯店，從函館車站走過去只要 10 分鐘。每間客房皆有洗脫烘一體的洗衣機與微波爐，對需要換洗衣物以及加熱食物的旅客非常友善。並且，既然有名的函館朝市就近在咫尺，飯店也就不提供自家的早餐，而是改發早餐券，朝市內共有十多間美食店供持券的旅客選擇。

一切的順其自然，讓我得以與如此圓滿燦爛的花火相遇。

1 | 我有幸入住這間可以觀賞到花火表演的房間。

2 | 飯店頂樓是大浴場及室內觀景台。當時已傍晚 6 點多，現場滿是等待火花的客人。

3-4 | 我的房間。入口處設置了洗脱烘一體的洗衣機與微波爐。

5-6 | 飯店提供早餐券，旅客可在函館朝市享用地道美食。

函館港口一帶的景色。函館山上有展望台,旅客可以俯瞰函館市區及周邊的山海美景。

我在飯店頂樓眺望到的清晨函館市及港口一帶。前一晚花火大會結束後，我在房內全程目睹市政府的人馬極有效率地清理場地，
到了第二天完全恢復如常，真棒。

第二家「函館JR Inn」絕對是在函館搭JR列車最方便的飯店，因為它與JR函館站直接相連，讓我得以在第二天一大早順利搭上很早的列車班次返回東京，這正是我選擇入住的關鍵原因。

還有，在經歷一整天的觀光，或遇到下雪時，住這家飯店也可以省去步行或轉車的步驟，並在站內的商店買好所有商品或伴手禮，非常方便。

而從它的名字有「JR」一詞，也很容易推想到，它就是JR旗下的飯店，因此在飯店的設計上融入許多鐵路的元素，例如一走進大廳，地面就延伸出一條鐵軌，也展示了已退役的北海道知名火車的照片及介紹。

用心眼拍下函館港口的美景後，也不忘用畫筆把它最溫潤的樣子畫下來。

1 | 早上 6 點,這時段的街道空無一人,巨型遊輪在港口停泊,函館山山頂被一片雲霧遮蔽著。在我要跟函館説再見的這一刻,我要用心眼拍下這一幅幅美景。

2 | 右邊建築物是 JR 函館車站,車站右邊即是函館 JR Inn。

3 | 大堂設有以北海道已退役的列車為主題的展覽。圖中是四列火車的車頭掛牌,其中 SL 函館大沼號是在 2014 年停駛的蒸汽火車。

我們泡過早湯後，就在休閒區一邊品嘗黑咖啡，一邊欣賞函館景致。

　　至於 12 樓的頂樓除了有可觀賞函館全景的浴場外，也有一座視野開闊的休息室，裡面收藏了各種鐵路的書籍。我視線一掃，馬上雙眼發光——我找到了一本介紹已退役的「寢台列車」的書。簡單來說，寢台列車就是除了一般座位外，還設有臥鋪、寢室、浴室、餐廳等設施的列車。

　　在那個新函館北斗尚未出現的年代（此車站於 2016 年春季才正式開通），從札幌到青森之間有一列深藍色車身的「JR 急行はまなす」，這輛寢台列車是每晚於兩地對開一班，從晚上 10 點多開出，隔日清晨抵達。我曾搭過好幾次，這次偶然間翻到這本書，不禁勾起許多回憶。▲

information

東急 STAY 函館朝市 燈之湯｜ www.tokyustay.co.jp/hotel/HAA
JR Inn 函館｜ www.jr-inn.jp/hakodate

日本唯一的定期夜行寢台列車

Sunrise 寢台列車（瀬戶號與出雲號），是目前日本唯一仍有定期班次的夜行寢台列車。這班列車每晚從東京車站出發，列車共有 14 節車廂，前七節是前往高松的「Sunrise 瀬戶」，後七節是前往山陰地區出雲市的「Sunrise 出雲」。列車出發後的隔天早上，會在岡山分離成兩段，分別前往不同目的地。當時我是在高松上車，有幸入住單人房，雖然只是小小的空間，但每每想起仍覺得是一段難忘的鐵道回憶。

Sunrise 寢台列車，車身以米色和紅色為主，象徵光亮的黎明。內部空間沒有牆或門的分隔，大夥睡在一塊，類似大通鋪的概念。

1 ｜ 介紹已退役寢台列車的書。　　2 ｜ 我當時入住的單人房。

我早期的插畫作品：JR 急行はまなす。

中途下車
看火山

大沼國立公園的輕鬆散策

大沼國立公園　　SL 函館大沼號

洞爺湖本是我的最終目的地，但在從函館坐 JR 超級北斗號特急列車前往洞爺站的途中，我突然提著行李下車；因為，我赫然想起一個多年前計畫要去的地方，剛好就是這趟車程的必經之地──大沼國立公園。一想起這件事，我便瞬間變卦，決定「擇日不如撞日」，先來一趟大沼國立公園的輕鬆散策。

大沼國立公園的象徵「北海道駒岳」

　　大沼國立公園在 1958 年被指定為國立公園，以集結活火山與湖島等豐富自然景致而聞名。它是一個範圍很大的區域，總面積多達 9,083 公頃，可粗略地劃分為：「大沼湖」、「小沼湖」與「北海道駒岳」。大沼湖是這座公園最大的湖泊，周長 14 公里，而小沼湖大約是其三分之二。一般首次到訪的旅客，主要是前往位於大沼湖一帶、最輕鬆易走的精華區，即公園廣場，以及官方規劃的三條散步路線所途經的範圍。

INFO

不要看到「大沼」就下車

　　從函館站到大沼公園站很方便，只需半小時。大沼公園車站外便是大沼觀光中心，可以寄存行李。要注意的是，列車抵達 JR 大沼公園站前，還有一個「JR 大沼站」，這座車站往小沼湖觀光比較近，但如果大沼國立公園是目的地，記得不要太早下車。

1 │ 大沼公園站。
2 │ 大沼觀光中心。

NOTE

已成絕響的 SL 函館大沼號

　　說得準確一點，我會突然下車，是想起昔日搭過的「SL 函館大沼號」；其中的「大沼」就是指大沼國立公園。由於北海道新幹線開通，大沼號已在 2014 年停駛，它可是我生平第一次搭乘的蒸汽火車，聽到消息時不禁感到失落。

SL 函館大沼號。我用鏡頭與畫筆，記錄下我對 SL 函館大沼號滿滿的感動與懷念。圖中的車窗外，可看到北海道駒岳。

三條散步路線分別是：「大島之路」（15 分鐘）、「森林小徑」（20 分鐘）及「巡島之路」（50 分鐘）。剛進入公園廣場，即可見到火山噴發形成的大沼湖，以及位於遙遠後方的北海道駒岳，其山形既雄偉又獨特，馬上吸引我的目光。公園廣場的湖邊是公園的第一個打卡點，可以拍攝到由大沼湖與北海道駒岳組合成的景色。

北海道駒岳是大沼國立公園的象徵，是一座標高 1,131 公尺的活火山，1640 年的噴發曾造成700 多人死亡的慘劇。我拿到的資料上還說，它的山形原本是像富士山一樣整齊，但因屢次噴發，將山頂爆破，才成為現今奇特的形狀，這讓我不禁想看看，原本像富士山的北海道駒岳會是什麼模樣？

由於這座山是活火山，從山頂火山口到半徑4 公里的範圍內都屬禁區，而每年也只限於 6 月至10 月開放。登山者可以在大沼公園站前搭公車，大約半小時來到森町赤井川登山道的入口。沿途散布著火山碎屑和火山岩等，部分坡度陡峭，最終的目的地是約海拔 900 公尺的「馬之背」。

我到訪的當天，天氣非常晴朗，我在公園廣場的湖邊遠眺著這座山形獨特的北海道駒岳，也清楚地見到部分路段與馬之背，想必此刻山上一定有人在爬山攻頂吧。我就這麼一邊凝視著山峰，一邊替這些登山者祈福，希望他們順利、安全地完成這趟登山之旅。

森林小徑與大島之路的巡湖之旅

需時 50 分鐘的巡島之路，是行走最外圍的步道，途經由多座拱橋互相連結的 7 座小島，可觀賞到的景色肯定迷人。但這次半途下車的空檔只有一個多小時，於是我挑選了森林小徑與大島之路各走一趟。

森林小徑的路徑其實與巡島之路有部分重疊，主要能看到茂密的綠林景色。事實上，大沼湖上分布了 126 座小島，旅客行走在橫跨湖面、總數 18 座的橋梁上，就可以完成繞湖一周，需時接近三小時。

大島之路是我最後行走的路線，有無障礙的貼心設計，所以最為平坦。路途上有兩個打卡點，可從不一樣的角度觀賞到大沼湖與北海道駒岳所組成的景色，個人覺得更勝公園廣場的打卡點。

229

異常蔚藍的天空下，活火山及湖島交織出的美好風光，
不禁覺得半途下車來到此地真是個好決定。

1 ｜ 大沼湖是大沼國立公園中最大的湖泊，它與其他沼湖都是在火山多次反覆噴發下所形成的。

2-3 ｜ 來到公園廣場前，沿途有好幾家可租借單車的商店，很受旅客歡迎。官方資料介紹，單車繞大沼湖一圈大約需要 90 分鐘。

漫步在大島之路上，從不同的視角觀賞北海道駒岳，
並描繪下它獨特的輪廓。

1 | 北海道駒岳因噴發造成山頂崩落，形成特殊山形。在湖邊也可遠望到繞在山坡上的灰色登山路。登山客每年可於 6 月至 10 月登山。

2 | 公園廣場旁的遊覽船碼頭。遊覽船可載旅客前往更深入的地方觀賞美景。

在森林小徑行走中，途經茂密的綠林。

這回在大沼國立公園走了一趟，我總算完滿了心願。如果有更多時間，我應會選擇騎單車繞大沼湖一圈，或者往小沼湖走一走，那邊有另一條官方路線：夕陽之路（25 分鐘），顧名思義，不但可以觀賞日落，也可遇見野鳥和水鳥。

算準時間的我，走回大沼觀光中心，向職員提取行李並道謝後，便搭上列車，邁向下一站。▲

information

大沼國立公園 | onumakouen.com

每天都是花火夜

洞爺湖的夏日風光

洞爺湖溫泉　　洞爺湖夏季花火大會　　洞爺湖遊覽船

之所以會想來洞爺湖一趟，是因為據說在夏天的每個晚上，洞爺湖都會施放花火 20 分鐘。而既然要去洞爺湖，怎能不去登別溫泉？它們地理位置相近，都是南北海道兩大熱門的旅遊區，一到兩天的自由行玩法很興盛。至於我，為了更深入認識這兩處尚未到訪之處，便安排了四天三夜的行程：預留兩夜給洞爺湖，一夜則留給登別溫泉。

「洞爺站」與「洞爺湖溫泉站」別搞混

洞爺湖與登別溫泉乍看是兩個獨立的地方，事實上它們同屬於支笏洞爺國立公園。這座國立公園位於北海道中道，主要分為「支笏湖區域」、「定山溪區域」、「洞爺湖區域」、「羊蹄山區域」及「登別區域」，都是擁有豐富自然景觀的旅遊大區，例如羊蹄山區域內有近年極熱門的滑

這是我入住湖畔旅館最大的期望——在每一天旅程的開始前與結束後，可以在當地的湖畔沿岸走走。

雪勝地「二世古」；支笏湖是位於日本最北方、不結冰的湖泊，其面積與同樣不結冰的洞爺湖相近；登別區域的溫泉以卓越的療養效果聞名，其源頭稱為「地獄谷」，更是不可錯過的重要景點。至於洞爺湖區域，自然是以破火山口湖洞爺湖為中心，「中島」與「有珠山」是兩大必去之地，也是我這趟旅程的重點。

交通方面，首先要分清楚兩個很相近的車站名稱：「洞爺站」與「洞爺湖溫泉站」。「洞爺站」是 JR 車站與道南巴士站的通稱，「洞爺湖溫泉站」是位於景點的道南巴士站，兩個地方相距 20 多分鐘的車程。而洞爺湖溫泉站也不是一般的巴士站，而是該區的大眾交通樞紐，也是觀光案內所的所在地。我從函館出發，全程約 110 分鐘，在 JR 洞爺站下車，然後在車站前方的洞爺巴士站搭乘道

1 ｜洞爺湖溫泉站是當地的大眾交通樞紐，也是觀光案內所的所在地。

2 ｜無論是從函館、新千歲機場、札幌出發，只要搭火車，都是在 JR 洞爺站下車。

3 ｜洞爺湖位於支笏洞爺國立公園內，在 JR 洞爺站可取得相關旅遊資料。

南巴士，途經洞爺湖溫泉站，才抵達位於湖畔的飯店。如果是從新千歲機場或札幌出發，分別需時 90 分鐘、120 分鐘，同樣在 JR 洞爺站下車，並轉搭同一班巴士。

順帶一提，來回札幌與洞爺湖之間有直達巴士，不用兩小時即可直達洞爺湖溫泉站，價格比 JR 列車便宜，但一天班次不多，可能是上午、下午共兩班車，特別適合只去洞爺湖玩一天的旅客；

而且這個班次以有珠山口纜車站為終點，旅客可以在造訪有珠山後直接坐直達車返回札幌。

除了大眾交通外，入住洞爺湖飯店的旅客也可以選擇飯店的接駁巴士。但是我查看好幾家不同級別的飯店，發現大多只提供來往「札幌與洞爺湖飯店」的接駁巴士（免費或收費），至於距離較短的「JR 洞爺站與洞爺湖飯店」的接駁服務反而比較少，而我入住的飯店也只提供前者。

我特別喜歡在早上 8 點到 10 點左右在湖畔散步，因為這時陽光灑落得恰到好處，
且路上也只有零星旅客，讓我可以安靜地享受湖畔的清幽。

讓天鵝載著慢遊洞爺湖

洞爺湖湖畔的一大片區域，有多家不同價位的大型溫泉飯店林立，全部盡取最佳方向——面向美麗的湖泊，背向山邊與馬路。旅客在飯店大廳可直接往外走，不到一分鐘即可走到湖邊大道上。無論是早上在湖邊散步，或晚上在湖邊看花火，都非常方便。

在洞爺湖沿岸走一走，幾乎是所有剛抵達當地的旅客第一時間會做的事。我放下行李後，也迫不及待地在寬敞的沿岸步道走上一回。步道全長約一公里多，沿途布置了不少雕塑與拍照的小布景，在這樣靜靜的湖畔悠閒地散步，真的很舒服。

洞爺湖的湖畔地勢較低，放眼望去盡是遠山湖景，而湖中央的中島更是整幅湖景裡最美的一塊。只見外觀像中世紀城堡的洞爺湖汽船正徐徐地在波光粼粼的湖面上行駛中，而多艘小型天鵝觀光船也散落在湖中的各個角落。

沿途有不少觀光船店家，出租輕艇、腳踩天鵝船及電動天鵝船等，收費合理，店家之間價格也統一。此外也有專人駕駛的快艇，可載旅客繞中島或整個洞爺湖一圈。觀察一陣子後，我發現兩人座的電動天鵝觀光船最受歡迎，自己也想坐坐看，一心打算完成白天全部的行程後就以坐電動小船為完美收尾。沒想到，下午往往是高峰時段，一連兩天，店家都說已經客滿，還好最後還是讓我耐心地等到了一艘。操作電動小船很簡

電動天鵝小船十分受歡迎，我們在離開前，終於一償心願。

遠望湖中心的中島，本以為是一座島嶼，實際上是由四座不同大小的島嶼組成的。仔細一看，依稀可看到白色小點，原來是天鵝觀光船已經遠航至中島那一頭了。

❶

單，大部分人都可以輕易上手。我朝著湖心前進，大概抵達了看不見其他小船的位置後便停下來放空，隨波飄盪在湖心，充分享受被湛藍清澈的湖水包圍著的美好感覺。

連五個月綻放的湖中花火

由於洞爺湖在寒冬中也不會結冰，因此洞爺湖遊覽船全年無休。碼頭在沿岸步道上，有明確的指示牌，任何人都可以輕易找到。夏季白天每

小時均有一班，旅客可在中島下船，晚上則有一班專供旅客在湖上觀賞花火的班次。

洞爺湖花火大會始於 1982 年。當初因為有珠山火山爆發，導致遊客銳減，為了重振觀光，因而舉辦花火大會，現在已固定成為每年夏季夜晚的重頭戲。

1-3 ┃ 搭乘觀光船，在湖上觀賞花火。回望岸邊，花火表演在多間湖畔飯店的燈火襯托下，更顯得動人。

4 ┃ 在湖岸上觀看花火的視角。

5 ┃ 如城堡般夢幻的觀光船。

每年 4 月底到 10 月底期間，每天晚上 8 點 45 分都會準時施放 20 分鐘的花火，璀璨地點亮了洞爺湖畔的夜空。規模當然不及日本其他大城市的著名花火祭，但每天晚上都能欣賞到，仍是旅途中難忘的回憶。

　　也因此，我分配觀賞花火的地點就不用煩惱。第一晚是在船上，第二晚是在飯店前方的沿岸步道上，而且很幸運的，天氣都不錯。要說哪一種觀賞方式比較好？我個人的感受是，比起在岸邊欣賞，「排隊上船、船駛到湖泊中央、大家一起等待花火、最後盡興而歸」這一整趟共計 40 分鐘的過程，更多了一份儀式感與獨特性，能為旅程留下深刻的印象。

　　值得一提的是，花火的施放並不在定點上，而是在移動的船隻上施放。全程 20 分鐘的花火其實分為三回，船隻分別在三個點施放，花火內容也略有不同，並不重覆。這是因為沿湖的飯店較多，大致劃分為三區，作業船流輪施放，比較能平均照顧到各區的觀看體驗。比如我位在第二區，

花火表演過後，旅客紛紛離去，我卻逗留在回歸平靜的湖畔上，繼續觀賞這片迷人的洞爺湖夜景。

當船在第一區或第三區施放時，花火距離較遠，拍不到理想的照片。當船移到第二區時，花火就在我正前方綻放開來，所有人瞬間都歡天喜地，不斷拍照。

所以嚴格來說，在岸邊觀賞花火的時間，其實應該只有7、8分鐘；但如果是在船上觀賞花火，因為觀光船會隨著作業船隻而移動，所以船上的旅客都能充分享受到20分鐘的近距離觀賞花火體驗。

找一家適合自己荷包的湖畔飯店

既然來到湖景旅遊區，住在湖邊是再自然不過的決定。許多人以為湖畔飯店的房價一定昂貴，不過湖畔飯店也有等級以及湖景與非湖景房間之分。這次我入住的是「湖畔亭飯店」，屬於傳統日式格局。坐巴士前往的話，就在元町站下車，離飯店門口不遠。

湖畔亭飯店的房間數量很多，而我入住的那三天，在早、晚餐時段便見識到入住人潮真可謂

人山人海。我選擇較平價的非湖景房間，房內裝潢雖然老舊，但住起來沒問題。湖畔飯店還有一個共通的特色，就是大浴場及用餐的地方都有一大片玻璃窗，客人都可以觀望到湖景。而湖畔亭的展望大浴場位在頂樓，分為內湯及外湯，可以在泡湯的同時盡享洞爺湖與花火綻放的美景。夜晚雖然看不清湖景，但天氣好時也有星空作伴；至於想一邊泡湯一邊欣賞洞爺湖景的我，當然是隔天清晨起床後再來泡一次！

元町站的前一站中央通站，坐落著「洞爺湖萬世閣飯店」，以及旁邊的「洞爺乃之風」，是此區數一數二的高級飯店，它們的展望大浴場也設在頂樓。總之，既然來到湖景旅遊區，就選擇一家適合自己步調與荷包的飯店，盡情去享受湖景吧！▲

information

洞爺湖溫泉觀光協會｜www.laketoya.com
洞爺湖畔亭飯店｜www.toya-kohantei.com
洞爺乃之風飯店｜nonokaze-resort.com
洞爺湖萬世閣飯店｜www.toyamanseikaku.jp

1 ｜ 在洞爺湖畔亭飯店頂樓俯瞰到的洞爺湖景色，頂樓大浴場也可觀賞到同一方向的美景。

2 ｜ 洞爺湖畔亭飯店面向湖畔方向，方框處是頂樓大浴場的位置。

3 ｜ 洞爺湖畔亭飯店的用餐區，可同時供應超過百人的餐點。

4 ｜ 洞爺湖萬世閣飯店，方框處是頂樓大浴場的位置。

感受
大地的脈動

穿越無人島、登上活火山

中島　中島‧湖之森博物館　有珠山　昭和新山

洞爺湖誕生於 11 萬年前某次的巨大噴發，這一帶的山脈、丘陵、灘地等，都在隨後的漫長歲月中逐步形成。來到洞爺湖遊玩，除了在湖畔走走、賞花火、泡溫泉外，如果想認識更多這一帶地貌誕生的故事，那麼中島與有珠山是絕不可錯過的地方。因此，我安排了一整天來造訪這兩個地方。

洞爺湖與中島於大地脈動中誕生

　　日語的「洞爺」和「洞爺湖」，是來自北海道原住民愛努人的語言，分別是「湖岸」、「山之湖」的意思。洞爺湖地區是北海道支笏洞爺國立公園的一部分，與公園內的支笏湖同列為破火山口湖。破火山口湖是世界奇觀之一，在火山強烈噴發後留下火山口，累積長時間的雨水後，最終形成湖泊。洞爺湖是個近正圓形的破火山口湖，

觀光船及中島的資料簡介。

停泊在湖邊的洞爺湖觀光船。前往中島和晚上賞花火的活動，都是使用這艘像城堡的船隻。

準備搭乘城堡船，前往中島探訪祕境。

弁天島　觀音島　大島　饅頭島

位於大島的觀光船碼頭及博物館

我在飯店頂樓俯瞰的洞爺湖景致，湖上的白色小點是觀光船。

湖面直徑長達 40 多公里，是僅次於屈斜路湖、支笏湖的日本三大破火口湖之一，於 11 萬年前形成。

　　至於我準備要前往的中島，實際上是由四座島嶼組成的，位於洞爺湖的中心。話說，在 11 萬年前的大爆發後，沉睡許久的火山活動又於 5 萬年前再度活躍。多次爆發造成四座較大的熔岩穹頂從水中隆起，這些穹頂隨後逐漸變成四座島嶼（大島、饅頭島、觀音島及弁天島），統稱為「中

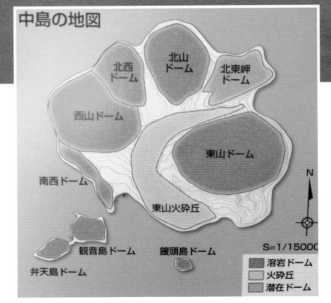

中島の地図

北西ドーム　北山ドーム　北東岬ドーム

西山ドーム

東山ドーム

南西ドーム

東山火砕丘

N

觀音島ドーム　饅頭島ドーム

弁天島ドーム

S=1/15000

溶岩ドーム
火砕丘
潜在ドーム

中島‧湖之森博物館展示的「中島地形圖」。

島」，從上空俯視的話，據說形狀如花朵一樣。

　　總面積約 5 平方公里左右的中島，如今已成為野生鹿群與參天杉林的棲息地，島上最高點為455 公尺。四座島嶼皆無人居住，白天在島上工作的人通通會在傍晚前離開。

　　開放旅客登島的大島是四島之中最大的，其他相對較小的島並不開放，四島之間也沒有公路、橋梁的連結。

深入湖中無人島的三條路線

　　洞爺湖觀光船在夏季運行的時間從 8 點 30 分開始，直至下午 4 點 30 分收班，每半小時一班，班次很密集；冬季則是每小時一班。我搭的觀光船上瀰漫一片歡樂氣氛，原來是一群又一群的海鷗跟著我們的船一起飛行。轉眼間，船開始接近湖心，弁天島與觀音島進入我們的視線，最後船

1-3 ｜ 可愛的海鷗與天鵝，陪伴我們前往這趟訪島之旅。
　4 ｜ 一下船，即可看到「中島‧湖之森博物館」的指示牌。

在大島博物館前的棧橋短暫地停泊。旅客可以選擇不在中島下船，純坐船享受洞爺湖的風光。至於在中島下船的旅客也很方便，回程時不需要另外購票，直接搭當天任何一班船回去就可以了。回程途中，也可以遠眺到饅頭島。順帶一提，大島只有在夏季期間開放登島，冬季時觀光船並不會停泊大島。

　　我一下船，便見到「中島・湖之森博物館」的指示牌。博物館其實是步道的唯一進出口，旅客需要先在入口處登記，填寫名字、電話及進入時間，出來後也要寫上離開時間。

大島共有三條距離不一、各有特色的路線，我們走的是一條
穿越杉木森林的步道，全長 1.3 公里路線，需時 45 分鐘。

1｜中島・湖之森博物館。

2｜旅客正在觀看大島上三條步道的地圖。

3｜健行前，旅客需要填寫資料。

身處在杉木樹林中，本以為這裡的樹已經很高大了，但據說與巨木區的巨木相比，簡直是小巫見大巫。我很嚮往，但無緣走一趟。

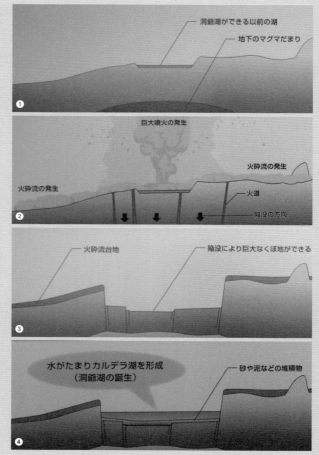

1-4 ｜中島・湖之森博物館的展板介紹洞爺湖的形成過程。

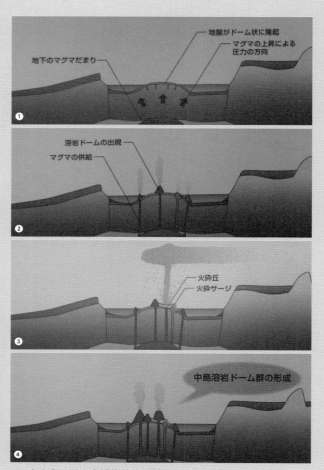

1-4 ｜中島・湖之森博物館的展板介紹中島的形成過程。

　　因為這是一座無人島，工作人員必須掌握登島者的人數及聯絡資訊，避免遺留旅客在島上。下午 2 點 30 分是進入步道的最後時間，要搭上最後一班船也必須在 5 點前回到碼頭等候。

　　大島共有三條距離不一的路線，從 45 分鐘到 4 小時的都有，全部都以博物館為起點與終點，大多都是好走的路段。大島其實有三座山，分別為西山、北山及東山，特色景致包括杉木森林、風穴、大平原及巨木區，分布於這幾座山之間的路段上。

　　第一條是穿越杉木森林的 1.3 公里路線，需時 45 分鐘，為了平衡下午的有珠山行程，我挑選這條最短的路線走。部分步道是用木屑和落葉堆積而成的，走起來鬆鬆軟軟，感覺很舒服。一路上都有綠意盎然的杉木森林作伴，沿途上只有自己，整座無人島的森林散發著神祕寂靜的氛圍，讓我很享受這趟一個人在森林探索的短旅程。看到一些獨特的植物時，便停下來認真閱讀其介紹牌；健行後，也到展館觀看詳細文字及圖片介紹，使我初步認識到這個無人島的生態環境。

　　根據展館資料介紹，島上有數百頭蝦夷鹿（梅花鹿）棲息著，也許我走的路段不夠深入，可惜都沒有遇上。這些鹿當然不是原本就生活在島上，大約是在 70 年前才開始將鹿送上島繁殖，從此鹿的數量不斷增加，高峰期超過 300 頭。數量暴增的鹿開始造成一些生態問題，後來政府介入，控制鹿群的數量，以平衡島上的生態環境。目前鹿的數量維持在 150 至 200 頭左右。

途經一處，杉木的樹皮形成特殊圖案。我馬上聯想到日本恐怖漫畫大師伊藤潤二筆下的畫面……

1-2 ｜ 我十分推薦中島·湖之森博物館的付費展區。
3 ｜ 我在博物館內的咖啡店享用美味甜點。

第二條路線經過杉木森林、風穴、大平原，最後以巨木區為終點後折返，總長度為 4 公里，需時 2 小時。大平原是一片夾在島上森林中的平坦草原，其中一個觀景角度位於西山與北山之間，在晴朗的天氣下可以眺望到夾在山谷間的美麗羊蹄山（由於外觀很像富士山，又有「蝦夷富士」之稱，也是日本百名山之一）。

至於全長 7.6 公里的第三條路線，則是一趟繞大島一周、全程 4 小時的旅程；旅客過了巨木區後繼續前進，可走到島的另一端岸邊，再沿著岸邊繞回博物館。儘管路程較長，但由於這三條路線都屬於輕鬆級別，所以在「洞爺湖有珠山地質公園」的官網上，也可以看到一些當地的小學生來此遠足的分享。

中島·湖之森博物館的展區雖然是收費的，但只不過數百日圓而已，裡面詳細地介紹洞爺湖、中島的起源與自然景觀，建議不要錯過。我在咖啡店享用茶點後，隨著觀光船逐漸靠近碼頭，便起行繼續前往下一站。

博物館前棧橋

乘船口　下船口

洞爺湖觀光船在中島，湖之森博物館前短暫停泊，旅客可以下船展開健行，最長的步道為 4 小時，可穿越島上的森林，走過大平原和巨木區，最後繞回此處。

1943 年誕生的火山「昭和新山」

　　前往有珠山口纜車站的交通很簡單，就是在距離碼頭步行約 10 分鐘的洞爺湖溫泉巴士站，搭上往「昭和新山」的巴士即可，車程 15 分鐘，但一天只有四班車，分別在 9 點、11 點、12 點、16 點期間開車，從昭和新山開出的班次大概也是這些時間，旅客若要利用，要特別留意。

　　前面一直說著要登上「有珠山」，這時又出現一座「昭和新山」，到底是怎麼回事呢？這要話說從頭，一切與洞爺湖地區火山的活躍有關。此地火山不但陸續形成洞爺湖（11 萬年前）、中

有珠山口纜車站，以及周邊的餐廳和伴手禮店。

島（5 萬年前）等地貌，有珠山也是在距今約兩萬年前的某次噴發而於洞爺湖南岸生成。因此洞爺湖和有珠山也組成「洞爺湖有珠山地質公園」，於 2009 年被聯合國教科文組織認證為世界地質公園。

　　往後，有珠山沉睡了很長一段時期，直至後來又在 1663 年、1822 年爆發，而 1910 年的爆發，讓洞爺湖地區從此有了溫泉，讓我們如今可以在此泡湯。而昭和新山更是在 1943 年至 1945 年持續的火山作用下誕生於大地，可說是一座非常年輕的山；說來很巧，在地球另一端的墨西哥，也有一座帕里庫廷火山在 1943 年誕生，和昭和新山同列為「世界上最年輕的火山之一」。

　　昭和新山位於有珠山東側山麓，就在有珠山山腳的纜車站旁，因此巴士站便以「昭和新山」為名。所以實際上，「有珠山口纜車站」、「昭和新山巴士站」是同一個地點。

　　標高 733 公尺的有珠山，矗立在洞爺湖旁長達兩萬年，自然是此區最古老的山，以高度來說，也是最高的山。至於昭和新山於 1943 年從陸地上

1-2 │ 有珠山的洞爺湖展望台，就在山上纜車站外面，可以欣賞壯麗的洞爺湖及昭和新山的景致。

隆起後，因地殼不斷活動，是一座名副其實、還在長大的「新山」，或許稱為「嬰兒火山」也很適合，而且當年目睹它誕生的當地人仍然在世。這兩座火山被列為日本最活躍的火山，推測每數十年就會噴發一次。

旅客從巴士下車，便馬上見到一座看似平平無奇的小山丘，那便是昭和新山，仔細觀察，其光禿禿的山頂是紅色的火山岩。

1-3 | 世界上最年輕的火山之一「昭和新山」，與三松正夫雕像。至於三松正夫紀念館就在不遠處。

有珠山口纜車站除了有一些餐廳與伴手禮店，也有一座介紹有珠山近代爆發事件的「火山村情報館」。從中我也發現一項驚人資訊——昭和新山竟然是世界上唯一一座私人擁有的火山！

話說昭和新山形成期間，正值第二次世界大戰末期，政府分身乏術，無法處理火山爆發的觀測工作。幸好，當時身為有珠郡壯瞥郵局局長兼業餘火山研究員三松正夫，憑著一己之力，長期進行火山爆發的紀錄，他留下的詳細研究成果後來獲得世界各地科學家的讚揚。

有珠山口纜車站的展區展示著 1977 年發生的有珠山噴發影像，攝於 8 月 7 日早上 9 點 12 分。當時只是短短的 30 秒，山頂便猛烈地噴出大量濃密的灰黑煙幕，無比震撼！而三松正夫在見證這次的爆發後便離世了。

　　另外，三松正夫為了徹底保護這座他親眼見證其誕生的火山，以及幫助失去家園的居民，決定收購整片土地。後來 1977 年有珠山再度爆發，三松正夫也再次做了見證，隨後與世長辭，享年 89 歲；我相信這次的爆發對他來說具有某種重要的意義。簡而言之，昭和新山至今仍是三松家的私人土地，也是世界上唯一私人擁有的火山。新山旁邊以及位於山腳下的三松正夫紀念館，均設置了三松正夫的雕像。

中島·湖之森博物館的展板收錄 2000 年發生的有珠山西山山麓噴發事件，旅客在航行中的觀光船上拍下了珍貴影像。

261

這真是既感人又偉大的佳話！同時我不禁也好奇，三松正夫先生是不是一位有錢人呢？他到底支付了多少錢？原本打算在遊訪有珠山之後參觀三松正夫紀念館，或許可以找到答案，可惜它下午 4 點關門，而我錯過了。

▌登上有珠山為洞爺湖之旅寫下句號

　　搭乘登山纜車的旅客，只需 6 分鐘便能快速上山。有珠山頂有兩座展望台，分別是車站外面的「洞爺湖展望台」，以及沿著步道步行約 10 分鐘可達的「有珠山火口原展望台」。

　　我沿著步道，先往有珠山火口原展望台走去，一路上，有珠山山頂的景色在我右上方陪伴著，大約 10 分鐘後來到目的地。如前文提到，三松正夫在見證 1977 年的爆發後隨即離世；而那一次的爆發又誕生了「銀沼大火山口」，火山口直徑約 350 公尺。在有珠山火口原展望台這裡，可稍微遠望到銀沼大火山口；若想更近距離參觀，便要沿著另一條步道前往，全長 1.1 公里，需時 40 分鐘。

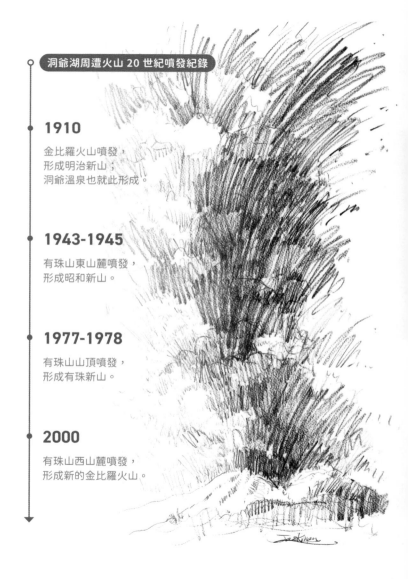

洞爺湖周遭火山 20 世紀噴發紀錄

1910
金比羅火山噴發，
形成明治新山；
洞爺溫泉也就此形成。

1943-1945
有珠山東山麓噴發，
形成昭和新山。

1977-1978
有珠山山頂噴發，
形成有珠新山。

2000
有珠山西山麓噴發，
形成新的金比羅火山。

直徑約 350 公尺的銀沼大火山口

旅客來到有珠山火口原展望台，可稍微看到
1977 年爆發後誕生的銀沼大火山口。

最後，我回到開闊的洞爺湖展望台，趁下山前的空檔，一邊享用在咖啡店買來的飲料和甜點，一邊居高俯瞰洞爺湖、昭和新山及周邊山脈的全景。面對這幅超廣角的美景，我將沿路所識的無人島、有珠山、昭和新山等一切資訊緩緩消化、沉澱，彷彿感受到這片大地從 11 萬年前延續至今的脈動，內心隨之共振。▲

information

洞爺湖有珠山地質公園｜www.toya-usu-geopark.org
有珠山纜車｜usuzan.hokkaido.jp

來地獄
泡溫泉

登別溫泉的末日地貌

登別溫泉　地獄谷　大湯沼　第一瀧本館

坐落於北海道西南部的登別溫泉，肯定是北海道首屈一指的溫泉勝地，甚至，由多個最具代表性的觀光業者合辦、超過30年歷史的「日本溫泉100選」，每年都會專業評比日本全國各地的溫泉，至今登別溫泉仍是北海道地區唯一長期名列前十名的名湯。

事實上，登別溫泉與洞爺湖同樣屬於支笏洞爺國立公園的一部分，此處還有其他地質景觀，包括森林、山地，以及堪稱水質是日本第一的俱多樂湖。說到此，應能明白：探訪這些景觀，也是登別溫泉旅程的重要環節。

前往全日本十大名湯之「登別溫泉」

前往登別溫泉的交通很輕鬆，有三種方式：首先，在札幌、新千歲機場、洞爺湖溫泉都有直達巴士。第二，登別溫泉飯店主要提供札幌與飯店之間的（免費或付費）接駁服務。第三，選擇搭 JR 電車的話，就在登別站下車，再搭巴士來到

INFO

我的登別二日遊規劃

出發前，我已明白登別這個區域比較小，不過地獄谷等幾個特殊景觀還是頗為特別，值得住上一晚。（至於登別伊達時代村比較適合親子共遊，有興趣的朋友不妨可以去一趟。）

因而作此安排：第一天中午左右抵達溫泉酒店，放下行李後馬上開始行程，第二天繼續剩下的行程，最後以「日歸泡湯」作結，於午後告別這個溫泉鄉。

---

1 │ 旅客在 JR 登別車站前的巴士站，搭乘巴士可到達目的地。
2 │ 登別溫泉街的觀光中心。
3 │ 可在車站或觀光中心取得的登別溫泉旅遊資訊。

位於山谷中的登別溫泉。

　　我是在結束洞爺湖行程後，從 JR 洞爺站坐電車，約 40 分鐘抵達 JR 登別站，再轉搭約 20 分鐘的巴士，到達登別溫泉公車總站（巴士還會繼續深入其他旅館）。我入住的飯店就在一分鐘的步行距離，很方便。但隔日退房離開時，因為巴士與火車班次對不上，要花約一小時等車，我便直接叫計程車載我去 JR 登別站。

　　登別溫泉公車總站可說是遊覽登別溫泉區的起點，從這裡出發至登別地獄谷大約十多分鐘，沿途有餐

位於溫泉街的閻魔堂，每天在固定時間進行變臉表演。

1 ｜ 位於公園入口（靠近大湯沼川天然足湯）的「歡迎親子鬼像」。
2 ｜ 抵達地獄谷前遇見的「念佛鬼像」。
3 ｜ 位於 JR 登別車站前的「歡迎鬼像」。

廳、藥妝店、伴手禮店及便利商店等。途中會經過「閻魔堂」，這尊閻魔大王每天會在固定時間上演變臉秀，轉成凶惡的表情，每回路過都會有不少人圍觀。另外，每年 8 月的最後一個週末，這條街會特別熱鬧，因為一年一度的登別地獄祭在此舉行，重點包括鬼舞表演、登別太鼓、閻魔大王遊行等活動。如果會在這段期間旅遊北海道，不妨考慮安排幾天來看看。

至於溫泉飯店，主要分布於登別溫泉公車總站至溫泉街尾段的街區，全區約有十多家，大部分是大型飯店，其中以創立於 1858 年的「第一瀧本館」最有名，歷史也最悠久。另外還有兩家飯店位於更深入幽靜的位置，靠近大湯沼川天然足湯的入口，位置雖然遠離溫泉街，但也有巴士站可抵達。

溫泉街上共有四座小石雕像，這尊稱為「象徵之鬼」。

小心！真的有熱泉湧出的泉源公園

登別溫泉每天的湧泉量高達一萬公噸，加上擁有九種泉質，包括硫磺泉、食鹽泉、明礬泉、芒硝泉、綠礬泉、鐵泉、酸性鐵泉、重曹泉及鐳泉，溫度介於攝氏 45 度到 90 度，所以長久以來被譽為「溫泉界的百貨公司」。雖然登別溫泉到處都有溫泉湧出，但大部分其實都集中於一個地方——在一萬年前的火山活動中所形成的「地獄谷」。這個火山遺跡堪稱日本地熱景觀的佼佼者，也成為旅客一定要去拜訪的「第一景點」。

抵達地獄谷前，會先經過泉源公園，這是為了紀念登別溫泉開湯 150 週年而興建的。公園面積不大，特色是這裡有一座間歇泉，從地獄谷流出的溫泉水每三小時會猛烈地噴發一次，而且持續地噴發 50 分鐘，泉水達到攝氏 80 度高溫。因為不會有準確的噴發時間表，想看的人唯有看緣分了。而我兩天來途經公園好幾次，總算在最後一次給我遇上了。

我先是在外面的道路上注意到半空中有熱騰

267

騰的蒸氣，跑近看個究竟，正好遇上源源不斷的泉水噴發得最猛烈的時刻，並且伴隨著轟隆巨響；介紹牌指出，噴出的溫泉水會高達 8 公尺，到底有沒有呢？我不太確定，總而言之，現場觀賞就是感受到「澎湃的氣勢」！若遇到冬天零下的氣溫，整座公園肯定煙霧瀰漫。

　　這座公園還有一個不是每位旅客都會留意到的小趣味。公園內聳立著一座巨型雕塑，也就是登別溫泉鄉的守護神「湯鬼神」的九金棒，九金棒圍成一個圓圈，一旁牆壁上記載了金棒傳說，以及九金棒所代表的九種泉質的功效。不過我在現場不管左數右數，就只有八根啊，金色的「五黃土星·大願成就」金棒到底在哪裡？看了看牆上介紹，推測第九根金棒可能是藏於廣場的地下空間中（因為它是被其餘八根金棒圍繞著的）。

1-2 ｜ 一路走近泉源公園，遠遠就看到熱煙蒸騰。

3-4 ｜ 如果不讀介紹牌，會不知道圖中的「山洞」是什麼意思。
（其實是靜止中的間歇泉，每三小時噴發一次。）

在火山中誕生的地獄樣貌：登別地獄谷

「支笏洞爺國立公園：登別地獄谷」是園區全名，進入園區不用付費，旅客可以先在入口的觀光諮詢處索取地圖。「登別地獄谷」、「大湯沼」、「奧之湯」、「大湯沼川天然足湯」是園區的四大景點，沿著步道依序走畢，預留半天時間最為理想，尤其是走到大湯沼川天然足湯時，一定要在樹蔭下悠閒地享受足湯。

登別地獄谷是熱門的第一站，大部分旅客都會從這一站開始，而入口附近也有兩家大型溫泉旅館與巴士站。

公園內有一座「日和山」，就在大湯沼旁邊，海拔高度 377 公尺，至今仍是一座活火山。大約一萬年前曾經爆發過，遺留下多個爆裂口，登別地獄谷、大湯沼與奧之湯都是爆裂口。噴氣孔、硫氣孔與溫泉，常見於爆裂口中，受熱的氣體與溫泉會沿著斷層裂縫衝出地表，這樣的現象稱為「後火山作用」。

泉源公園牆壁上的介紹牌，以及標明九根金棒的方位圖。
現場只找到八根金棒，根據牆上的方位圖來看，難道第九根金棒藏於廣場的地下空間？

來地獄谷，恍如到地獄走了一遭。

我畫筆下的地獄谷之景。

旅客行走在木棧道上，震撼於寸草不生的地獄谷景觀。

登別地獄谷是這區眾多爆裂口中最大的，直徑約 450 公尺，面積約 11 公頃。由於每天湧出高達一萬噸以上的泉水，泉水沸騰、不斷冒泡，地表和岩石又被泉水中的礦物質染成紅褐與灰色，再加上大大小小的噴氣孔長期噴出帶有硫磺味的水氣煙霧，以及寸草不生的山谷地貌，這一切都帶給人「地獄」般的深刻印象，因此「登別地獄谷」可說是名副其實。

木棧道盡頭的鐵泉池，也是一座間歇泉。

　　園區內有棧道可供旅客行走，由入口進入後，沿途欣賞特殊景色，走到盡頭處會遇到鐵泉池，大家通常到此跟鐵泉池拍照便折返。介紹牌寫著，這也是一座泉水溫度高達攝氏 80 度的間歇泉，不過沒有警示標語提示旅客要小心，可能不會像泉源公園那樣噴發。

1 ｜ 我站在木棧道上回頭拍攝到的照片。圖中建築物是第一瀧本館，全區最有名的溫泉旅館，其浴場面向地獄谷。這時候裡面的人應該正在一邊泡湯一邊觀賞黑夜中的地獄谷。

2 ｜ 黑夜的地獄谷被稱為「鬼火之路」，可說是名符其實。

3-4 ｜ 我走在陰森森的木棧道上，中途巧遇一隻野生鹿。

此外，這座公園是全天候開放的，如果你是過夜的旅客，建議晚餐後可來地獄谷散步，這時候山谷四周一片漆黑，裊裊升起的白煙，微弱的亮光照映著荒蕪的地表，顯得比白天更蒼涼，彷彿真的走進了陰間地獄。

▌漫步綠湖仙境，享受天然足湯

離開地獄谷後，我依著沿途的指示牌前往奧之湯與大湯沼，兩處基本上都集中在同一區。約20分鐘後，先來到「大湯沼展望台」，這裡可眺望到日和山與大湯沼的高點，接著走下階梯，便是奧之湯。

大湯沼與奧之湯同樣是火山爆裂口，後者比較小，圓錐型的沼澤底部會激烈地噴發出灰黑色的硫磺泉，沼澤表面溫度高達攝氏75至85度。至於大湯沼周長約一公里，攝氏130度高溫的硫磺泉從葫蘆型的沼澤底部噴出，表面溫度也有攝

1 ｜綠色湖水加上霧氣，大湯沼讓人有一種置身仙境的感覺。
2 ｜面積較大的大湯沼。
3 ｜面積較小的奧之湯。

這裡可説是整個地區的源頭，我站在「大湯沼展望台」眺望
著日和山與大湯沼，只見日和山山頂多處散發著白色熱氣。

氏 40 到 50 度，同樣呈現出灰黑色澤。大湯沼的表面時不時會飄散出熱氣，綠色湖水加上霧氣，與地獄谷相較，我覺得大湯沼更有一種置身仙境的感覺。而大湯沼背後就是日和山，細心觀察山體，也有不少噴氣孔正在噴出熱氣。

在大自然中漫步、享受森林浴的同時，也能舒緩長時間的健行帶來的疲勞。大湯沼的溫泉離開源頭，沿著水道一直流開，來到某處便形成了天然足湯區，成為這趟特殊景觀之旅的最後一站。從上一站離開後大約又走了十多分鐘，我來到大

旅客可在最後一站「大湯沼川天然足湯」享受足湯。

湯沼川天然足湯，小小的河川兩岸植滿樹木，陽光透過樹葉照射下來，不少男女老幼坐在樹蔭下的木廊上享受天然溫泉，形成一幅世外桃源般的祕境景致。泉水溫度在源頭時高達攝氏 80 度，流到這裡只剩下舒適的溫度，我的雙腳在河床上踩著，讓適當的溫度解放雙足的疲勞，聽著蟲鳴鳥叫，真是難得愜意的療癒時光。對了，也提醒想泡足湯的人，要記得帶毛巾擦腳喔！

在登別找到適合自己的溫泉

我入住的登別格蘭登大飯店，和第一瀧本館同屬四星級，從大堂、服務、餐飲到房間設施等，都名實相符。而我最喜歡的當然也是這家飯店的大浴場，首先它有三種泉質，裝潢設計走精緻風，室內有羅馬風格的半圓頂浴池，而飯店本身依山而建，因此外面的庭園露天浴池坐落著一座天然瀑布，小瀑布不斷發出嘩嘩聲響，水幕四濺，無論是正在泡湯還是躺著休息，都可以愜意地聆聽一曲天然交響樂，讓人不禁沉醉。

基本上，登別溫泉的旅館大多提供日歸泡湯，每一家提供泉質的數量與種類並不相同，事前不妨上網做點功課，或是來到當地的觀光中心收集情報或諮詢；不論你喜歡哪一種風格或規模，肯定能在長期名列全國十大溫泉的登別溫泉中找到適合你的溫泉旅館。🔺

1-2 ｜ 我十分推薦登別格蘭登大飯店的天然瀑布露天浴池。

3-4 ｜ 一邊泡湯一邊觀賞地獄谷，是第一瀧本館大浴場的一大賣點。泡日歸湯的旅客可在指定地方買票來泡湯。

NOTE

第一瀧本館的超大浴場體驗

我雖沒有入住四星級的第一瀧本館，但離開登別前仍是進場享受了一場日歸泡湯，費用為 2,000 多日圓，不少外國旅客跟我一樣慕名而來。

用「溫泉主題樂園」來形容第一瀧本館的大浴場十分貼切，這裡有三點特別吸引我：第一，浴場廣達 1,500 坪，分為兩層，共有 35 座各具特色的浴槽。第二，浴場擁有五種泉質，是登別溫泉區中擁有最多泉質的旅館。第三，旅館本身建於地獄谷入口附近，其中一座大浴場面向地獄谷，客人可以邊泡溫泉，邊觀賞地獄谷地貌。另外，它也設有旋轉滑水道與室內游泳池（男女共用），在男、女浴場各設有閘口通往，很受帶著小孩的旅客歡迎。

登上展望台，觀看波平如鏡的俱多樂湖。

靜謐與神祕交織的俱多樂湖

　　號稱日本最圓的湖泊之一的俱多樂湖，也在支笏洞爺國立公園內。它本身是一座孤立型的火山口湖，周長約 8 公里，水深 145 公尺。此處「孤立」的意思，是指湖泊並沒有任何河流注入，長久以來只靠雨水累積。我登上俱多樂湖展望台，即使隔著超遠的距離觀望，但仍在開闊的視野裡看到一片波平如鏡的湖面，靜謐、神祕且美麗。

　　俱多樂湖展望台其實是登別棕熊牧場的一部分，旅客可在登別溫泉街附近的山坡處購買門票，再坐纜車上山。雖然我個人不是很愛看棕熊被迫做出招手或拜託的手勢，但要觀賞俱多樂湖便一定要付費進場，只好無可奈何地接受。順帶一提，我是預先在入住飯店的櫃台購買特惠門票，過夜旅客不妨留意自己住宿的地方有無這項服務。還有，若想親近俱多樂湖，可能只能開車或騎單車前往，這裡沒有大眾交通工具可利用。

information
登別溫泉｜noboribetsu-spa.jp
第一瀧本館｜takimotokan.co.jp
登別格蘭登大飯店｜www.nobogura.co.jp
登別棕熊牧場｜bearpark.jp

1 ｜纜車站。　　　　　2 ｜登別棕熊牧場。

附錄

畫作的
創作手記

前作《荷蘭比利時魅力繪旅行》在 2023 年完成後，我便馬上投入《日本絕景繪旅行》的創作旅程。有一種剛在歐洲完成旅程，卻仍意猶未盡、不想停下來，就直接飛到日本，展開截然不同旅程的熱血衝勁。

記得出版社編輯詢問我可否在動筆寫稿前，優先繪製幾幅日本畫作。由於我這幾年間都主力以香港及歐洲為題材，因此對於我會畫出何種風格的日本景物不免感到好奇。這樣一問，我也好奇了起來，很快選好三個自己特別喜愛的地方，包括十和田湖（青森）、八方尾根（長野）和大洗磯前神社（東京近郊）。事後，出版社回覆很喜歡作品的畫風，請我趕快開始創作。這是本書初始的小插曲。

我幾乎是同步畫完這三幅畫作，收筆的那一刻，我看到的不單是眼前的畫，更預見整本書的誕生。這三幅畫給我打了一支強心針，奠定了接下來大半年創作的基石，我為此感動且雀躍。往後的每一幅畫，我都聚焦以「靈活運用乾筆以加強畫作重點的色彩表達」、「讓鉛筆的筆觸與水彩的色彩更融為一體」、「景物／建築物的精細度」等特色，來傳遞這階段我心中的日本面貌。我的水彩畫作是採用 A2 尺寸的英國 Langton 水彩畫紙，顏料是 Holbein Artists' Watercolors。收錄於本書內的畫作超過 40 幅，最後完成的是兩幅奧入

瀨溪流冰瀑、一幅藏王樹冰，及一幅銀山溫泉。

轉眼間，《日本絕景繪旅行》的創作旅程即將劃上句號，回頭一望，才發現自己竟然完成了超過一本書分量的稿件。最終與編輯達成共識，決定把本書的重心聚焦於東北與南北海道，所以當初先完成的那幅十和田湖畫作（見第 77 頁）率先配上文稿、照片，完整地在今年與讀者見面。

至於八方尾根與大洗磯前神社兩幅畫作，則以小圖形式收錄在此。此外，附錄同步收錄伊豆河津川畫作（位於東京近郊、是日本每年最早可賞櫻花的地方），因為它在本書創作期間入選了 2024 年「日本國際水彩畫會」展覽。其他已經完

伊豆河津川畫作入選 2024 年「日本國際水彩畫會」展覽的證書。

①

②

③

《畫家帶路，JR Pass 遊日本》、《日本鐵道繪旅行》、《日本見學深度慢遊》皆是我以日本為主題的前作。

成的畫作，我深信它們都會在第五本、第六本的日本遊記中華麗登場。

　　過去，我曾出版過三部日本旅遊前作：《畫家帶路，JR Pass 遊日本》、《日本鐵道繪旅行》、《日本見學深度慢遊》，全部都已經絕版，我很感謝它們曾帶給我力量，支持我走過的路。某天，突然有個靈感，我開始根據新書的內容，精選出一些三部前作收錄的畫作，巧妙、合宜地放進去。如此一來，新讀者與資深讀者都可以欣賞到這個新舊交集而成的畫展。一開始，我以「童趣、寫實的電繪創作」出發，至今則以「細密精緻、色

1 ｜ 大洗磯前神社畫作。
2 ｜ 八方尾根畫作。
3 ｜ 伊豆河津川畫作。

彩豐富的水彩創作」為主力，不單只是讀者，我本人也不禁一問：「自己到底走了一段怎麼樣的路？未來的路又是如何呢？」

　　最後要分享的是，我挑選了幾幅特別鍾愛的畫作，製作成「限量複製畫」，主要是讓喜歡我畫作的讀者朋友能以此形式收藏到我的畫作，或是送給親朋好友。製作複製畫方面，我比較講究，畫紙是選用英國 Langton 水彩畫紙，畫紙規格包括：傳統的模造方法（mould made）、冷壓中粗紋理（cold pressed），以及 $300g/m^2/140lb$（克數／磅數）。印刷方面是使用 12 色 LUCIA PRO 顏料墨水的超高解析度技術來印製，務求複製畫的色彩保存長久。

　　因為每幅限量複製畫真的是「限量」，大家可以單獨或配上「親筆簽書」一併訂購，詳情請到我在 Pinkoi 開設的設計館了解，也歡迎透過 e-mail、FB、IG 等私訊接洽。

Pinkoi「文少輝工作室」

文少輝

Man Siu Fai, Jackman

香港土生土長的畫家及作家，成立「文少輝工作室」（Man Siu Fai Studio）。喜愛旅遊的 Jackman 擅長繪製水彩風景畫，曾踏足的國度都是他的創作題材，包括瑞士、義大利、西班牙、奧地利、荷蘭、芬蘭、日本、台灣等各地大城小鎮景色。近年回歸本地，傾力以香港為主題，以畫作分享他的香港印象與體悟。

Jackman 至今發表 18 本著作，主要包括「深度旅行＋繪畫」及「繪畫教學」兩類。前者為婚後每一回長途旅行的經歷彙整，既是指南，也是畫冊，每一本都有太太傅美璇（Erica）的同行與協力，如《義大利經典繪旅行》、《最完美的瑞士之旅》系列等。後者如《水彩的 30 堂旅行畫畫課》、《一學就會！水彩實戰教室》等，是廣受走在自學繪畫路上的讀者所喜愛的實用手冊，每本都傾注其創作心得與深厚的藝術教育經驗。

除了創作、著述與教學，Jackman 的作品亦多次入選國際藝術獎項及展覽，部分入選畫作收錄著作中。歡迎大家一起走進文少輝的水彩風景世界。🎵

▍著作

《日本絕景繪旅行》、《荷蘭比利時魅力繪旅行》、《一學就會！水彩實戰教室》、《奧地利最美繪旅行》、《冬季瑞士》、《芬蘭與波羅的海三國繪旅行》、《最完美的瑞士之旅》、《最完美的瑞士之旅 2》、《水彩的 30 堂旅行畫畫課》、《日本見學深度慢遊》、《邊旅行，邊畫畫》、《義大利經典繪旅行》、《日本鐵道繪旅行》、《漫畫廚房》、《西班牙繪旅行》、《畫家帶路，JR Pass 遊日本》、《畫家帶路，丹麥尋寶記》及《Stars in the sky》。

▍獎項與參展

2024 年　香港一新美術館：西源里選畫 (香港)

2024 年　文少輝 2024 年畫展暨《日本絕景繪旅行》新書發表會 (台灣)

2024 年　日本国際水彩画会：第 24 屆國際水彩比賽 (日本)

2024 年　台北新藝術博覽會：國際藝術家大獎賽 (台灣)

2023 年　IFAM Global 國際在線評審藝術比賽 (馬來西亞)

2023 年　日本国際水彩画会：第 23 屆國際水彩比賽 (日本)

information

電郵｜ info@mansiufai.com
臉書｜文少輝工作室
網站｜ www.mansiufai.com
IG｜ jetravelnillustration
Pinkoi｜ hk.pinkoi.com/store/mansiufai

寄送畫作到國外參加國際性畫展的流程

1-2 ｜ 前往製作畫框的專門店，為參展畫作挑選合適的畫框，畫框顏色、款式、尺寸等，皆依畫作主題來決定。一般來說，約數天便可完成。

3 ｜ 畫家與已裝裱的畫作合影。

4-6 ｜ 寄送到外國的畫作，需要保護性極高的包裝，因此需要請製作木箱的工廠，為畫作訂製合適的木箱。需時兩天即可完成。

7 ｜ 將畫作妥善地儲放在木箱後，便可安排貨運公司來取件，並寄送到國外參賽。寄送到台灣大約一個星期，至於美國約兩個星期。

日本絕景繪旅行

東北青森、山形、岩手＆北海道登別、洞爺湖

作　　者　　文少輝、傅美璇

副 社 長　　陳瀅如
總 編 輯　　戴偉傑
主　　編　　李佩璇
特約編輯　　李偉涵
封面設計　　謝捲子@誠美作
內文排版　　李偉涵
行銷企劃　　陳雅雯、張詠晶

出　　版　　木馬文化事業股份有限公司
發　　行　　遠足文化事業股份有限公司（讀書共和國出版集團）
地　　址　　231 新北市新店區民權路 108-4 號 8 樓
電　　話　　(02)2218-1417
傳　　真　　(02)2218-0727
E m a i l　　service@bookrep.com.tw
郵撥帳號　　19588272 木馬文化事業股份有限公司
客服專線　　0800-221-029
法律顧問　　華洋法律事務所　蘇文生律師
印　　製　　凱林彩印股份有限公司

初　　版　　2024 年 10 月
定　　價　　490 元
I S B N　　9786263147409（平裝）
E I S B N　　9786263147386（EPUB）

國家圖書館出版品預行編目 (CIP) 資料

日本絕景繪旅行：東北青森、山形、岩手 & 北海道登別、洞爺湖 / 文少輝，傅美璇著. -- 初版. -- 新北市：木馬文化事業股份有限公司出版：遠足文化事業股份有限公司發行, 2024.10
288 面；23×17 公分

ISBN 978-626-314-740-9(平裝)

1.CST: 旅遊 2.CST: 日本

731.9　　　　　　　　　113013505